GSTAAD

Ook verschenen van Kiki van Dijk bij Xander Uitgevers

Zeevlam (2014)
Ibiza (2016)
Ibiza – De erfenis (2017)
Lech (2017)
Pisa (e-book, 2018)
Bali (2018)
Nice (2019)
Barça (e-book, 2019)
Winterberg (2019)
Tarifa (2020)

KIKI VAN DIJK

Gstaad

XANDER

Uitgegeven door Xander Uitgevers BV
www.xanderuitgevers.nl

Omslagontwerp: Studio Marlies Visser
Omslagbeeld: Getty Images
Zetwerk: Michiel Niesen, ZetProducties

Tweede druk 2022

ISBN 978 94 0161 656 0 | NUR 332

Deze uitgave kwam tot stand door bemiddeling van
Sebes & Bisseling Literair Agentschap te Amsterdam.

FSC
www.fsc.org
MIX
Papier van
verantwoorde herkomst
FSC® C104608

Voor de Daltons
Omdat Amerika toch dichterbij is dan je denkt

‘Both men had always been near them, the doomsday button, the signal to wipe out all life.’

Martha Gellhorn, *The Face of War*

1

5 JANUARI

Ze streek het damasten servet glad. De zilveren mesjes lagen precies naast de ontbijtborden en de glazen voor de jus d'orange stonden keurig rechts daarboven opgesteld. De schaal met bosvruchten en het mandje met croissants stonden op twintig centimeter van elkaar op het midden van de tafel. Nu moest ze alleen nog het plateau met kazen en de Bircher muesli uit de ijskast halen.

Even rook ze aan de witte rozen in het vaasje naast haar eigen bord. Het was niet makkelijk geweest om zo vlak na oud en nieuw aan grote rozen te komen. Maar de oude bloemist Wittwer uit het dorp had voor haar een Helgaroos gevonden met precies de lichte, zoete geur die ze zocht.

'Ik heb wel voor hetere vuren gestaan,' had hij gelaten op haar verzoek gereageerd. Dat was een understatement. Ze wist dat vorige week nog een Armeense operazangeres haar penthousesuite in het Gstaad Palace Hotel gevuld wilde hebben met orchideeën, en dat was Wittwer ook gelukt.

Ze schoof de rode velours gordijnen open en de ochtendzon scheen naar binnen. Het dorp beneden in het dal lag nog in de schaduw en de pistes waren zo vroeg nog verlaten. Ze zette het raam op een kier en rook de zware berglucht vermengd met verse sneeuw. Een kerkklok klonk gedempt op de achtergrond. Dit moment van de dag zou ze echt gaan missen. Die rust, de belofte van een nieuw begin en de maagdelijkheid van het volledig witte landschap.

Achter de scherpe kam van de Wildstrubel zag ze de donkere, bijna paarse sneeuwlucht al opdoemen. Ze had niet veel tijd meer. Over een half uurtje zou het hevig gaan sneeuwen. Precies zoals ze had berekend.

Ze draaide zich om en liet haar blik door de eetkamer glijden. De portretten van de ouders van Frederic waren wat vergeeld door de rook van kaarsen die al decennialang elke avond werden ontstoken, maar voor de rest was de ruimte fris en opgeruimd. Ze had vorige maand speciaal de wanden nog laten witten. Het was nu belangrijker dan ooit dat alles perfect was. Simon begreep niet waarom, maar dat maakte niets meer uit.

Gisteravond had ze ook zo haar best gedaan op het diner. Verse lamsbout met geroosterde groenten en knapperige rösti, met warme apfelstrudel toe. Alles was goed gelukt en het was boven verwachting best gezellig geweest.

Ze hadden zelfs even gelachen toen Matz aan Simon opbiechtte dat hij vroeger vaak tussen de lessen door naar buiten glipte om met zijn bureaustoel van de sleebaan te gaan. En Simon herinnerde zich nog dat Nicole op haar zestiende verjaardag was verdwenen en in het jongenschalet bij de achterneef van de Iraanse sjah in bed was gevonden.

'Hij had mij gevraagd zijn collectie edelstenen te taxeren. Wist ik veel dat ze onder zijn bed lagen,' had Nicole verdedigend geroepen.

Daarna hadden ze voor de haard met zijn vieren nog een afzakkertje gedronken. Highland Park single malt met een zoete, bijna toffeeachtige nasmaak. Simon had de whisky vlak voor kerst speciaal voor Matz bij de slijter in Montreux gehaald. Niet dat haar zoon dat had opgemerkt.

Ze had zich dankbaar getoond dat Nicole toch op tijd voor haar verjaardag uit Londen was gekomen en dat Matz de opening van zijn tentoonstelling in Brooklyn speciaal voor haar had uitgesteld. Ze was zelfs even ontroerd geweest toen Nicole en Matz gezamenlijk 'Lang zal ze leven' voor haar hadden gezongen. Haar twee kinderen, voor wie ze alles had opgegeven, waren daarna tegelijkertijd uit hun leunstoel opgestaan om haar te feliciteren. Nicole had haar een zijden sjaal van Hermès gegeven, met felgele panters, die niet mooi zou staan bij haar grijze haar. Maar dat maakte nu toch niets meer uit. Matz had haar een foto laten zien van een graffitiportret dat hij van haar aan het maken was. Op de afbeelding zat haar lange haar in een te strak knotje op haar hoofd, waardoor ze er tien jaar ouder uitzag.

'Alleen de finishing touch nog,' had hij gezegd, starend naar de foto op zijn telefoon. 'Maar ik laat het schilderij absoluut mee verschepen als er weer wat werk van mij naar Stark Art gaat.'

Dat ze wist dat die galerie in Zürich hem allang niet meer vertegenwoordigde, had ze maar niet uitgesproken. Sowieso had ze besloten heel veel niet te zeggen. En dat was een goede beslissing geweest. Simon had van de hele avond korte filmpjes op zijn mobiel gemaakt. Als iemand later die beelden zou terugkijken, zou diegene concluderen dat het een geslaagde zeventigste verjaardag was geweest. En daar ging het nu om.

Ze liep naar de keuken, liet de zachtgekookte eieren onder de koude kraan schrikken en deed ze in een mandje met een dikke doek eroverheen. Als laatste klikte ze de waterkoker aan en zette de theepot klaar met English breakfast tea van Fortnum & Mason. Die had Nicole meegenomen, zogenaamd 'een cadeautje', maar ze wist donders goed dat het was omdat haar dochter de Zwitserse thee 'niet te zuipen' vond.

Op de antieke koekoeksklok zag ze dat het bijna half negen was. Verdorie, nu moest ze zich toch nog haasten. Ze deed haar schort af en liep op haar vilten pantoffels zachtjes via de oude houten trap naar boven. Daar kon ze haar dikke Noorse trui uit haar kamer pakken, maar vooral ook nog even afscheid van Simon nemen. Op afstand natuurlijk.

Voorzichtig deed ze de deur van hun slaapkamer open en liet haar ogen wennen aan de nog half verduisterde kamer. Ze greep de trui van de stoel en zag Simon opgerold onder hun brede tweepersoonsdekbed liggen. Frederic had altijd een eigen bed willen hebben, Simon vond het juist fijn om tegen haar aan te kunnen kruipen. Zijn nog donkere krullen staken net boven de rand van het dekbed uit en ze hoorde zijn zware ademhaling.

'Dank je wel schat, voor alles,' fluisterde ze. Haar ogen prikten. Ze wilde weglopen en de deur snel weer sluiten, maar ze hoorde nog net dat hij haar riep.

'Ben jij dat, darling?' klonk zijn zware basstem gedempt. 'Ben je al op?'

Het zou te veel opvallen als ze hem nu negeerde. 'Ja schatje, het ontbijt staat klaar. Ik ga alleen nog even buiten hout halen.'

Ze hoorde dat Simon rechtop ging zitten.

'Laat mij dat doen. Ik ben over tien minuten beneden.'

'Nee joh, ik wil lekker een frisse neus halen. Echt. Tot zo,' zei ze. Meteen sloot ze de deur en slikte haar tranen weg. Ze kon nu niet sentimenteel worden, de tijd begon te dringen. Snel liep ze over de krakende vloer van de gang naar de trap, langs de kamers van haar kinderen. Het was beter om van hen geen afscheid te nemen. Dat had ze in gedachten ook al lang geleden gedaan.

Beneden deed ze haar lange donzen jas aan, trok haar

muts over haar oren en schoot vlug in haar stevige sneeuwlaarzen. Ze wipte de grote sleutelbos van het haakje en bedacht net op tijd dat ze de mand voor het hout moest meenemen. Voor de laatste keer snoof ze de geur van het chalet op. Meer dan vijftig jaar had ze hier gewoond. Het oude hout rook nog steeds uitzonderlijk lekker.

Buiten stapte ze voorzichtig het schoongemaakte stoepje af. Dat had Simon gisteren nog voor haar geveegd en daarna met wat zand bestrooid. Hij wist dat ze bang was om over het ijs uit te glijden. Bijna de hele kerstvakantie had het hevig gesneeuwd en straks zou er nog een extra laagje vallen. Het zou een goed skiseizoen worden voor de wintercampus. Over drie dagen zouden de tachtig leerlingen van Le Puiset arriveren. Tenminste, als alles op dezelfde manier zou doorgaan.

Ze dook dieper in haar kraag. Het was koud, vooral door de wind die vooruitlopend op de sneeuwbui al langs de bergwand scheerde. Ze nam het wandelpad dat slingerend het bos in ging. Ze hadden afgesproken achter het schuurtje, bij het begin van de sleebaan en ze moest stevig doorlopen om op tijd te komen.

Normaal zou ze genieten van de stilte die tussen de bomen hing, de stukjes dennenappel die een eekhoorn had achtergelaten of de sporen van een vos die haar pad kruisten. Nu had ze er geen oog voor. Ze concentreerde zich op haar steeds sneller wordende ademhaling, op het puntje van haar neus dat voelde alsof het zou bevriezen, en ze dacht aan het moment dat ging komen. Aan het akkoord dat ze moest geven. Ze was niet bang voor de gevolgen van haar keuze, maar ze had wel liever meerdere opties gehad.

Na vijf minuten bereikte ze de open plek die, zoals ze had verwacht, nog verlaten was en ze liep door naar het schuurtje. Van onder het afdakje pakte ze drie houtblokken en liet ze in haar mand glijden. Daarna wachtte ze, met haar rug naar het pad.

Ze hoorde de kerkklok negen keer slaan. Het kon niet lang meer duren. En net toen de eerste sneeuwvlokken op haar jas neerdaalden, klonk er geritsel achter haar.

'Ben je daar?' Ze hoorde de trilling in haar stem.

Het antwoord was niet meer dan wat gemompel. Ze draaide zich om en zag dat hij haar recht aanstaarde. Zijn haar nog warrig van de slaap. Ze knipperde als eerste en zuchtte diep. Voordat ze kon twijfelen, deed ze een grote stap naar voren.

'Schiet maar.'

'Nu al?'

Ze knikte.

Het schot galmde door het dal. Een steek schoot door haar borst en de mand viel uit haar handen. Ze wilde nog zeggen dat het goed was, maar ze kon haar mond al niet meer bewegen en vlak voordat alles zwart werd, zag ze dat de sneeuw aan haar voeten dieprood kleurde.

2

DRIE DAGEN EERDER

2 JANUARI

Voor de tweede keer sloeg Puck op de wekker. Ze had bijna de hele nacht wakker gelegen door de herrie van het feest in het studentenhuis naast haar. Hoewel ze er voor geen goud bij had willen zijn – die tijd had ze gehad – voelde ze zich gek genoeg toch buitengesloten. Door al die stemmen had haar eenzaamheid luider geklonken. Al wist ze dat de demonen 's nachts dichterbij kropen dan ze overdag durfden te komen.

Het was nog donker buiten en de regen sloeg tegen het slaapkamerraam. Doordat ze ooit tijdens een yogaoefening een barst in het glas had geschopt, werd de vensterbank bij hevige buien nat. Haar huisbaas reageerde nooit op haar berichtjes en ze had ten slotte zelf maar met tape het glas provisorisch gerepareerd. Alleen de tocht had ze er niet mee tegen kunnen houden. Buiten het bed was haar kamer nog ijskoud, dus onder het dekbed blijven liggen leek nu de meest logische keuze. Ze draaide zich nog eens om, maar voordat ze weer kon wegdoezelen trilde haar telefoon.

Waag het niet weer te laat te komen, las ze op het verlichte scherm.

Na al die jaren bij de krant had ze wel geleerd dat Ernest geen subtiliteit verweten kon worden. Maar zo vroeg had haar chef haar nog niet eerder gewekt. Hoe laat was het eigenlijk?

'Fuck,' riep ze hardop toen ze zag dat het al half negen was. Over een half uur begon de redactievergadering.

Ze rolde uit bed, schoof haar sloffen aan en zette 'Nobody's Wife' op. Zonder Anouk kon ze een werkdag niet beginnen. Ze tilde haar wasrek uit het badkamertje, zette de douchekop met een paperclip vast en dook onder de lauwe kraan. In de winter was warm water onhaalbaar. Volgens Freek had het iets met de stadsverwarming te maken, maar ze geloofde hem niet. Hij wist nog minder van technische apparaten dan zij.

Nadat ze zich had aangekleed en muesli met zoete drinkyoghurt had overgoten – ze had gisteren ook Skyr gekocht, een IJslandse yoghurt vol eiwitten waar iedereen het ineens over had, maar die bleek niet te hachelen – checkte ze haar mail. Behalve een grappig bedoeld filmpje van Freek, waarin eerst zijn beagle Frits met vier poten tegelijk een plas indook en Freek vervolgens vals 'Happy Birthday' zong, had niemand nog aan haar gedacht. Ze kon het ze niet kwalijk nemen. Wie dacht er nou aan een verjaardag zo vlak na oud en nieuw? De meesten moesten vast nog bijkomen van een kater of van het knagende besef dat er weer een jaar nutteloos voorbij was geslopen.

Snel at ze de helft van de zoete drab op, gooide de rest in de prullenbak, deed haar piekerige haar in een staart en pakte haar tas. Voor de kapstok in de gang twijfelde ze, wat ze vaker deed als het regende. Het Hema-regenpak dat ze jaren geleden van haar moeder had gekregen, een maand voor ze overleed, staarde haar verwijtend aan. Alsof haar moeder via het plastic pak postuum tegen haar zei: 'Meisje toch, functionaliteit gaat toch altijd boven ijdelheid.'

Daar had ze grosso modo misschien gelijk in gehad, maar die wijsheid gold niet voor een regenpak, besloot Puck. Die vormeloze pijpen, die sombere mosgroene kleur, dat gezweet onder het plastic. Het hebben van droge kleren rechtvaardigde nooit het dragen van zoveel lelijkheid. Al was de knuffel die haar moeder haar bij het cadeau had gegeven weer zo lief geweest dat ze zich bijna verplicht voelde het wel aan te trekken.

Als compromis zette ze een baseballcap op en trok ze een lange jas aan. Ze sloot de deur van haar appartement en liep op haar tenen de trap af. Ze wilde voorkomen dat Lucinda, die al zo lang op de begane grond woonde dat het leek alsof haar haren daardoor dezelfde ranzige kleur hadden gekregen als het tapijt, haar hoofd geïrriteerd om de deur zou steken om te klagen. Zachtjes trok ze de voordeur dicht en draaide de sleutel twee keer in het slot. Voor de zekerheid.

Buiten begon het al iets lichter te worden, al zorgde de regen nog voor een dikke grauwsluier. Vlug maakte ze haar fiets los en net toen ze weg wilde rijden, zag ze het gordijn aan de overkant van de Hartesteeg verschuiven. Was dat hem weer? Die kalende man die haar steeds aan Poetin met obesitas deed denken. Ondanks de regen bleef ze staan. Haar knieën knikten, maar ze sloeg zo stoer mogelijk haar armen over elkaar. Ze wilde die vent laten zien dat ze doorhad dat hij haar begluurde. De politie had het 'heel onwaarschijnlijk' genoemd, toen ze melding van stalking had gedaan. Ze zeiden dat het bijna niet voorkwam dat vrouwen door onbekenden werden lastiggevallen en hadden nog niets met haar klacht gedaan. Maar ze wist zeker dat hij haar al weken door de stad volgde en ze had zelfs gezien dat hij foto's van haar nam.

Nu wilde ze hem laten weten dat ze niet bang was voor zijn priemende ogen. Dat ze hem in de gaten hield. Helaas, het licht achter het raam ging meteen uit en de man liet zich niet meer zien. Puck stapte op haar fiets en reed zonder om te kijken de smalle steeg uit.

Langs de gracht trok de wind harder aan en ze moest op haar trappers gaan staan om nog vooruit te komen. Scholieren op scooters schoten voorbij en ze werd zelfs ingehaald door een paar studenten op gammele fietsen. Haar conditie had enige revisie nodig, moest ze bekennen. Misschien kon ze net als de rest van Nederland als goed voornemen haar sportschoolabonnement weer eens activeren. Of zou het beter zijn als ze een vechtsport zou gaan leren?

Tegen de tijd dat ze de Witte Singel bereikte, was haar spijkerbroek doorweekt en liepen de druppels via haar opengewaaide kraag haar hals in. Ze zette haar fiets in het rek en duwde de zware houten deur van het kantoor van het *Leidsch Dagblad* open. In de hal deed ze haar pet af en schudde haar haren los.

'Zo, Puck van de Petteflet is ook weer gearriveerd zie ik. Waar heb je je rode brandweerauto dit keer geparkeerd?'

Zoals altijd negeerde ze de flauwe opmerkingen van Leendert, de bejaarde conciërge, en wenste hem een gelukkig nieuwjaar.

'Nou, gelukkig? Ik weet het niet hoor.' Hij schudde zijn hoofd. Zijn donkere bril hopte mee op zijn neus. 'De crisis wordt alleen maar erger. Straks gaat dit krantje ook nog failliet en dan...'

'Kom op, Leendert. Het gaat allang weer beter, heb je dat nog niet gemerkt?'

'Men moet denken als een optimist, maar handelen als een pessimist,' mompelde hij terwijl hij de post sorteerde.

'Cees Buddingh' bedoelde het precies andersom. Dat weet je toch?'

'Ben het nooit met hem eens geweest.' Hij gaf haar een stapeltje brieven.

Ze schoot in de lach. 'Jij bent het met niemand eens.'

'En niet zonder reden. Neem trouwens niet de lift, de elektricien moet nog komen.'

Ze hing haar doorweekte jas op en nam met twee treden tegelijk de trap. Ernest had niet kunnen voorkomen dat ze toch weer te laat was. De redactieruimte was verlaten, en dat betekende dat de vergaderzaal vol zou zitten. Voor de deur bleef ze even staan en ademde diep in. Ze had geen zin in een standje op haar verjaardag, maar besefte dat ze geen keus had en stapte naar binnen.

Bijna tegelijk keken haar vijftien collega's verstoord op en met een kort knikje wees Ernest haar naar de laatste lege stoel. Ondertussen bleef hij doorpraten over de motie van wantrouwen die de gemeenteraad tegen wethouder Paalenberg wilde indienen. Opgelucht dat haar chef een milde bui leek te hebben, ging ze snel zitten en deed alsof ze aantekeningen maakte. Ze had zich vannacht voorgenomen Ernest te vragen of ze een groter verhaal kon schrijven over de uitpuilende vrouwenopvang aan de Botermarkt of de gevolgen van de crisis voor de bollentelers. Hij wist allang dat ze eens iets anders wilde dan de gebruikelijke humaninterestverhalen. Als ze met de juiste invalshoek zou komen, zou hij akkoord gaan, had hij beloofd. Tot nu toe had hij al haar ideeën afgeschoten.

'Oké, wie heeft er nog wat voor de rondvraag?' besloot Ernest de vergadering. Het viel Puck op dat hij er vandaag nog meer uitzag als een kopie van zijn held dan anders. Behalve zijn gebruikelijke ronde, grijze baard en door de zon verweerde huid, droeg hij nu ook een coltrui en voor hem op tafel lag een klein leren notitieboekje. De eerste keer dat ze hoorde dat haar chef zijn roepnaam in die van Hemingway had veranderd, had ze hem uitgelachen omdat ze dacht dat hij een grap maakte. Nu wist ze wel beter, hij nam het kopiëren heel serieus.

De gebruikelijke saaie voorstellen voor de sportpagina en cultuurbijlage kwamen voorbij. Ze was als laatste aan de beurt en ging rechterop zitten. 'Ik denk dat ik word bespioneerd.'

Roel, de jonge chef buitenland, proestte het uit. 'Jij? Door wie?'

'Een Rus denk ik,' zei ze en ze had meteen spijt dat ze haar vermoedens had uitgesproken. 'Hij woont tegenover mij. Soms heeft hij een verrekijker, of zie ik hem in een steeg wegduiken. Hij maakt ook foto's.'

'Waarom zou hij jóú in godsnaam bespioneren?'

Dit was precies de vraag die haar vannacht ook bezig had gehouden en waar ze geen antwoord op kon vinden. Maar dat hoefde die arrogante Roel niet te weten. Ze vouwde haar papieren dubbel.

'Kennis stelen. Ik heb ingangen bij de universiteit. Die willen ze gebruiken,' zei ze stellig, terwijl ze zelf ook niet precies wist wat ze daarmee bedoelde.

Roel schudde zijn hoofd en keek verwachtingsvol naar hun chef, maar voordat Ernest kon reageren zwaaide de deur open en kwam Leendert binnen met een grote appeltaart met kaarsjes erop.

'Lang zal Puckie leven,' zong hij en de rest van haar collega's vielen hem bij. Al zingend kwamen ze om haar heen staan en Puck boog zich naar voren om de 42 kaarsjes uit te blazen.

Na afloop van de vergadering scrolde ze door haar mail en zag dat enkele lezers op haar verhaal over het dertigjarig bestaan van restaurant Scarlatti hadden gereageerd. Ze zou de naam van de eerste eigenaar verkeerd hebben geschreven. Zonder ze te beantwoorden gooide ze de mails weg.

'Wat was dat nou voor een raar idee? Een gevalletje van op hol geslagen fantasie?'

'Ernest, man, ik schrik me dood.' Ze draaide zich om naar haar chef. 'Je zegt zelf dat ik mijn journalistieke nieuwsgierigheid moet aanwakkeren. Dit leek me een relevant onderwerp en...'

'Mijn god, Puck.' Ernest rolde met zijn ogen. 'Ben je overwerkt of zo?'

'Nou, nu je het zegt...'

'Nee, laat maar,' onderbrak Ernest haar opnieuw en maakte met zijn handen een afwerend gebaar. 'Ik wil het ook niet horen. Luister, iets anders...'

'Ik luister altijd.'

Ernest zuchtte en pakte een enveloppe uit zijn binnenzak. 'Dit werd vanochtend voor jou bezorgd. Eerst zag ik het niet zitten. Maar nu je je zo vreemd gedraagt, denk ik toch dat het een goed idee is.'

Ze wachtte tot hij verderging, maar het bleef stil.

'Oké, wat is het dan?' vroeg ze.

'De brief is aan de redactie gericht, maar het is een persoonlijke uitnodiging.' Hij wapperde met de enveloppe. 'Voor een spannende persreis.'

'Een bejaardencruise op de Donau? Altijd al gewild.'

Hij legde de enveloppe op haar bureau. 'Bespaar me je sarcasme. Dit is echt leuk.'

'Bezoek aan een kolencentrale in gezellig Charleroi?' vroeg ze terwijl ze de brief van dik, luxe papier opende. Bovenaan stond in gouden letters haar naam gedrukt, op een uitnodiging voor een tweedaags kookweekend, 'om de Zwitserse keuken in al haar glorie te leren kennen'.

'Hotel Olden in Gstaad?' las ze hardop.

'Ja, Gstaad. Is dat niet cool? Skiën, luxehotel, lekker eten.'

'Ik kan niet skiën.'

'Dan leer je het!' Ernest hief zijn handen wanhopig in de lucht. 'Alsof je wel kunt koken.'

Nu schoot ze in de lach. 'Oké, oké, je hebt je punt gemaakt. Ik moet niet zeiken. Maar ik zie dat het al over twee dagen is.'

'Heerlijk toch, er even helemaal uit? Ik hoor dat er veel sneeuw ligt. En Leendert heeft al een goede trein voor je uitgezocht. Je mag eersteklas reizen.'

Ze vouwde het papier bedachtzaam dicht. Eigenlijk wilde ze deze week een verjaardagsborrel geven, maar zoals gewoonlijk had ze nog niets geregeld. En eerlijk gezegd kon haar leven wel wat spanning gebruiken. 'Oké, ik ga. Tegen zoveel enthousiasme ben ik niet opgewassen.'

'Mooi zo.' Ernest streek over zijn baard. 'Ik hou een pagina voor je vrij in de weekendbijlage. En vergeet niet te vragen of ze persfoto's hebben.'

Hij wilde weglopen, maar Puck hield hem tegen. 'Waarom denk je dat ze specifiek mij hebben uitgekozen?'

'Een verjaardagscadeautje?' Hij haalde zijn schouders op. 'Nee, ik heb geen idee. Dat moet je daar maar zien te achterhalen.'

3

TWEE DAGEN LATER

4 JANUARI

Puck liep met Freek over de Steenstraat richting het station. Frits dribbelde in het midden en de beagle leek de enige te zijn die niet van de regen baalde.

‘Toch lief dat je me zo vroeg wegbrengt,’ herhaalde ze. ‘Je had ook thuis dat stuk van Rachmaninov kunnen oefenen.’

‘Voor de duizendste keer? Ja, dat had gekund. Maar iemand moet er toch op letten dat je op tijd bent.’

Ze gaf hem een vriendschappelijke duw. ‘Mijn personal assistant.’

Het was nog rustig op straat. Alleen het geluid van haar rolkoffer doorbrak de stilte tussen hen. Met Freek was het fijn om te zwijgen. Ze hadden elkaar zeven jaar geleden ontmoet toen ze ineens had bedacht haar pianolessen weer op te pakken. Na een tip van Ernest was Freek haar leraar geworden. Ze was enthousiast begonnen, oefende elke dag, maar na twee maanden had ze het alweer opgegeven. Ondertussen waren ze wel vrienden geworden. Tijdens de eerste les hadden ze elkaar meteen gevonden in hun gestrande veelbelovendheid. Hij bleek cum laude te zijn afgestudeerd aan het conservatorium en zij had al tijdens haar stage bij *Het Parool* het Gouden Pennetje gewonnen.

'Maar daarna is het dus niks meer met ons geworden,' had Freek geconstateerd nadat zij had verteld dat haar droom om oorlogscorrespondent te worden was mislukt en hij opbiechtte bij de beste drie orkesten te zijn afgewezen. Na de les hadden ze geproost op hun briljant gefaalde carrières.

Ze zagen elkaar nu wekelijks, elke zondagavond in Café Barrera. Een keer waren ze dronken met elkaar in bed beland, maar bij het ontbijt hadden ze gezamenlijk geconcludeerd dat dat niet voor herhaling vatbaar was. Nu voelde hij als de broer die ze nooit had gehad.

'Wat ga ik daar in godsnaam doen? Ik haat kou.'

'Wat dacht je van gewoon genieten? Net als normale mensen,' stelde Freek mompelend van achter zijn sjaal voor. Zijn lange regenjas met steekzakken versterkte zijn voorovergebogen silhouet. Hij leek wel een bejaarde man, terwijl hij maar vier jaar ouder was.

'Normale mensen? Die wintersporters die al om vier

uur dronken in zo'n schreeuwerige après-skibar hangen?'

'Die ja.' Met zijn zakdoek probeerde hij zijn beslagen bril schoon te vegen. 'Echt iets voor jou. Misschien regel je daar eindelijk weer eens een vent.'

'Wat denk je zelf?'

Freek grinnikte en ze was hem dankbaar dat hij niet met haar in discussie ging over haar uiterlijk. Ze had vaak genoeg gehoord dat ze aantrekkelijk was, maar het punt was dat ze het zelf gewoon niet zo geloofde.

Terwijl ze het station van Leiden in liepen zag ze in de kiosk dat haar interview met een verpleegster over de bezuinigingen bij het LUMC de voorpagina van de krant niet had gehaald. Zou Ernest het te zwaar hebben gevonden? 'Wat drinken ze eigenlijk in Zwitserland? Schnaps?'

'Zeker, of absint.'

'Daar kan je toch gek van worden?'

'Dat zal je dan wel aanspreken,' zei hij, terwijl hij haar koffer aanpakte om de trap naar het perron op te tillen. Frits sjokte er loyaal achteraan. 'Weet je trouwens dat Madonna met kerst nog in Gstaad was?'

'Moet ik dat interessant vinden?'

'Oké, ik geef het op,' zei hij toen ze het perron op liepen. 'Ga je daar maar lekker vervelen.'

Puck gaf hem een duw tegen zijn schouder. 'Dank je, nu heb ik er wel echt zin in.'

'Pas goed op jezelf.' Hij zette haar koffer in de trein en gaf haar een korte knuffel. 'Met jou weet je het nooit.'

Ze rook sigaren, vermengd met de geur van zijn natte

jas. 'Wat heb je toch altijd veel vertrouwen in mij,' zei ze terwijl ze zich losmaakte en de trein in stapte.

'Altijd ja.' Freek stapte achteruit het perron op en stak zijn duim omhoog. Net toen hij nog iets wilde zeggen, schoven drie luidruchtige passagiers tussen hen in. Als antwoord op zijn nu onverstaanbare vraag gaf ze hem een handkus. Met beide handen zwaaide hij terug en ze merkte op dat Freek door zijn onopvallendheid juist opviel tussen alle forenzen. Gemiddelde lengte, niet te dik, licht kalend, maar niet lelijk, spijkerbroek en vieze, ooit witte gympen. Wel uitzonderlijk lief. Soms zou ze willen dat ze toch verliefd op hem had kunnen worden.

Ze zwaaide tot ze hem niet meer kon zien en wilde net haar plek in de coupé gaan zoeken, toen ze dacht dat ze dé man buiten zag staan. Ze dook weg van het raam. Was hij het echt? Met dat bolle hoofd en die diepliggende, kleine ogen. Zijn vale regenjas en zwarte legerkistjes. Haar hartslag versnelde, wat deed hij hier? Zou hij haar dan weer zijn gevolgd?

Ze keek nog eens naar het perron, maar het was verlaten. Was hij dan in de trein gesprongen? Nee, natuurlijk was hij het niet geweest, sprak ze zichzelf in gedachten toe. Anders had ze toch wel gemerkt dat hij haar was gevolgd? Of was het Freek opgevallen? Ze moest zich niet zo laten opfokken. Niet iedere kleine man was haar buurman.

Nu pas merkte ze dat ze wel heel dicht bij een medepassagier was gaan staan en ze glimlachte hem verontschuldigend toe. De jongen gebaarde dat ze iets van haar mond moest wegvegen. Ze likte over haar lippen en proefde bloed. Had ze serieus van schrik op haar onderlip gebeten? Ernest had gelijk, ze liet zich volkomen gek maken. Het was goed dat ze even wegging van alles.

4

Een uur later slofte Puck door de grote hal van Utrecht Centraal. Uit angst de aansluiting met de internationale trein te missen was ze drie kwartier te vroeg uit Leiden vertrokken en nu verveelde ze zich. Ze wenste dat ze van koffie hield, dan kon ze achteloos met zo'n Starbucks-to-go-cup rondlopen. Dan zou het ook lijken alsof ze op weg was naar een belangrijke zakelijke bespreking, net als de rest van de gehaaste passagiers. Op dit moment zag ze er alleen maar uit als een toerist die de uitgang niet kon vinden.

Om zich wat minder verloren te voelen volgde ze een jonge man in een strakke Italiaanse winterjas een boekwinkel in. Zomaar onbekende mensen volgen deed ze wel vaker. Het fascineerde haar om uit te zoeken wat ze gingen doen en om te fantaseren hoe de rest van hun leven eruit zou zien. Ze ging naast de zakenman bij de Engelstalige boeken staan en zag dat hij de reeks managementboeken uitvoerig bekeek. Uiteindelijk koos hij voor *The Seven Habits of Highly Effective People*.

Boring, wilde ze zeggen, dergelijke tips reduceren mensen tot nuttige machines. Je kunt beter een filosofisch boek ter inspiratie pakken, wilde ze vertellen, maar ze had inmiddels wel geleerd dat niemand op haar ongevraagde adviezen zat te wachten. Ze volgde zelf de rij boeken en zag een jubileumversie van *The Face of War* staan, het beroemde boek van Martha Gellhorn. Ze pakte de hardcover van de plank en bladerde door de verhalen. De Spaanse burgeroorlog, de Tweede Wereldoorlog, de oorlog in Vietnam, Gellhorn was als correspondent overal geweest. En vaak als eerste en enige vrouw. Ze zag een oude foto van een elegante blondine, midden in een tropische tuin. Waarom was het Gellhorn wel gelukt waar zij nog steeds alleen maar over kon fantaseren?

Terwijl de zakenman zijn nuttige boek teruglegde, liep ze met dat van haar naar de kassa.

'Is het een cadeau?' vroeg de vrouw zonder op te kijken. 'Moet ik het inpakken?'

Puck knikte en wachtte geduldig tot het boek in felroze papier verdween. Pas toen ze het in haar tas stopte zag ze dat haar trein al over vier minuten zou vertrekken.

Buiten adem bereikte ze de gereserveerde stoel in een afgesloten stiltecoupé. Ze hing haar nog vochtige jas aan het te kleine haakje, schoof naast het raam en ontdekte dat de stoel een luie stand had. Ze zakte een beetje onderuit, pakte het ingepakte boek uit haar tas en legde het op het tafeltje voor haar. Een cadeautje voor haarzelf, want als het met haar eigen carrière niet lukte, was lezen over een ander, wel geslaagd leven een prima alternatief.

Achter de beslagen ramen schuifelden mensen op het perron voorbij. Sommigen nog met mondkapjes op, al was er nu al bijna een jaar geen uitbraak meer geweest in Europa. De ochtendspits was duidelijk begonnen en de trein stroomde langzaam vol. Passagiers met koffertjes en werktassen wrongen zich door het smalle gangetje, maar niemand kwam haar coupé binnen. Waarschijnlijk hadden zij geen eersteklas reservering. Dat betekende dat ze dus voorlopig het rijk voor zich alleen had, wat ze meteen een heerlijk idee vond.

Haar moeder had niet van reizen gehouden, maar zodra Puck haar eigen geld had verdiend was ze zelf wel op pad gegaan. Eerst naar onbekende plekken in Nederland, later naar steden in Europa en tegenwoordig ook naar Azië en Afrika. Ze reisde zoveel mogelijk per trein, omdat vliegen de tijd te veel versnelde. In de trein zag je het landschap langzaam veranderen, voelde je het klimaat omslaan en hoorde je geleidelijk aan meer verschillende talen.

Ze zag zichzelf in de weerspiegeling van het raam. Haar bruine haar hing steil langs haar gezicht en haar huid was bleek, bijna grauw. Haar donkerblauwe ogen versterkten dat alleen maar. Zo anders dan het blozende, ronde gezicht van haar blonde moeder. Ze had al op de basisschool ontdekt dat ze niet op haar familie leek. Haar moeder had er nooit een geheim van gemaakt dat ze een bomvrouw was, het onzalige jarenzeventigconcept van een bewust ongehuwde moeder. Maar Puck merkte eigenlijk pas echt wat dat betekende toen ze als puber haar kleine moeder voorbij groeide. Ze zou nooit meer kunnen achterhalen of haar vader, de anonieme zaaddonor, wél lang en donker was, zoals zij. En net zo 'levend in een eigen wereld', zoals haar moeder Puck vaak omschreef.

Volgens Freek was die onbekende vader de reden voor haar bindingsangst. Psychologie van de koude grond natuurlijk, hoewel er wel enige waarheid in zat. Wat dat betreft leek ze trouwens wel op Martha Gellhorn, bedacht ze toen ze het boek uitpakte. Zij had ook vooral kortstondige relaties gehad. Alleen was Gellhorn wel met Ernest Hemingway getrouwd geweest – zijzelf had nog geen Nobelprijswinnaar weten te strikken. Tenzij ze genoegen zou nemen met de slechte kopie van Ernest Hemingway. Ze rilde. De gedachte alleen al aan seks met haar baas maakte haar misselijk.

Ze pakte haar flesje water uit haar tas, nam gedachteloos een slok en begon in het midden van het boek te lezen, op het punt waar Gellhorn als enige vrouw op D-day in Normandië landde. Ze had zich in 1944 niet laten afschepen door kolonels die vonden dat een vrouw niet aan het front hoorde, en was stiekem toch op een boot gekropen.

Al op de eerste pagina viel het haar op dat Gellhorn in een rustig tempo schreef, met veel oog voor klein oorlogsleed. Over mensen die hun kinderen in een schuilkelder beschermden, of de bakker die tijdens een bombardement brood bleef uitdelen. En terwijl de talloze grauwe

Duitse industriesteden in een schim aan haar raam voorbijschoten, verdween ze steeds verder in de verhalen van gewone mensen die het recht hadden gehoord te worden.

5

Pas toen ze bij een klein station vlak voor de Zwitserse grens stilhielden, keek Puck voor het eerst op. Haar coupé was nog steeds leeg en de ramen waren door de regen beslagen. Ze veegde een stukje ruit schoon en zag licht besneeuwde weilanden, met wat bergen op de achtergrond. Ze checkte haar telefoon, legde haar paspoort op tafel klaar en wachtte al lezend over de Koreaoorlog op de douanier.

Even later liep een man in een te klein donker uniform haar coupé voorbij. Hij wierp een korte blik naar binnen, maar opende de deur niet. Ze wapperde met haar paspoort maar hij leek het niet te zien en liep door. Om straks gedoe bij het uitstappen te voorkomen stond ze zelf maar op en schoof de deur open. Meteen dook ze terug. Daar stond hij. Aan het eind van de gang. De buurman! Hij was hier. In de trein, op een paar meter van haar vandaan.

Haar borstkas leek te krimpen. Ademen ging zwaar. Wat deed die vent hier? In een reflex hield ze de glazen deur stevig dicht. Misschien had hij haar niet gezien. Als ze hier bleef, was ze veilig. Hier kon ze schuilen. Hoewel, het was natuurlijk beter om hem juist wél aan te kijken. Net als in de straat voor haar eigen huis. Doen alsof er niets aan de hand was. Vragen of hij ook op wintersport ging. Maar ze durfde het niet, niet nu hij zo dichtbij was. Het glas van de deur besloeg door haar warme adem. Om zichzelf af te leiden maakte ze met haar vingers rondjes op het raam.

Ineens kwam de trein weer schokkend in beweging. Toen ze het perron zag verdwijnen, kreeg ze het nog benauwder. Nu kon ze echt geen kant meer op. Hij stond hier, in de trein en zij kon nergens heen. Wat moest ze doen? Gillen? Maar waarom eigenlijk? Hij had haar toch niets aangedaan? Ze veegde het raam schoon en probeerde via de spiegeling in de ruit te zien of hij er nog steeds stond.

'Doe open,' fluisterde ze tegen zichzelf. 'Doe niet zo laf. Kijk dan zelf.'

Ze ademde diep in en schoof met een ruk de deur weer open, maar de gang was leeg. De buurman was verdwenen, als hij er al had gestaan. Zonder er verder nog aan te willen denken liep ze de verlaten gang in. Behalve het zoevende geluid van de trein was het doodstil. Alsof samen met haar buurman ineens ook alle passagiers waren vertrokken. De leegte greep haar naar de keel. Ze wilde juist mensen zien, voelen dat ze hier niet alleen was.

Snel liep ze nog een stukje verder en zag meteen dat alle andere coupés wel vol zaten. Mensen zaten dicht op elkaar, soms met koffers en tassen op schoot. Waarom kwamen ze niet bij haar zitten? Ze schoof de deur naast haar open om een plek in haar coupé aan te bieden en om te vragen of ze toevallig een kleine, stevige man hadden gezien. Maar voordat ze een woord kon uitbrengen, schoot een lange man onhandig uit zijn stoel en duwde woest de deur voor haar neus weer dicht. Ze kon nog net haar hand terugtrekken. Nu zag ze dat iedereen haar vanuit de coupé geschrokken aankeek. Een oude vrouw met een hoedje maakte met beide handen een afwerend gebaar, een ander trok een sjaal voor haar mond. Wat was er aan de hand?

'*Fräulein*!' klonk het ineens luid achter haar. '*Halt, bitte*.'

Puck verstijfde, liet van schrik haar paspoort vallen en draaide zich om.

In een flits dacht ze dat het weer haar buurman was, maar toen ze zich omdraaide, zag ze de douanebeambte gehaast haar kant opkomen. Snel pakte ze haar paspoort op en hield het in de lucht.

'Riep u mij?' antwoordde ze in het Nederlands. 'Wilt u mij alsnog controleren?'

'*Was machen Sie da*?' ging hij zonder naar haar te luisteren verder. Zijn gezicht was inmiddels rood aangelopen. '*Das ist verboten*!'

'Wat is verboden?'

Hij bleef in de buurt van haar coupé staan. '*Das*!'

'Wat bedoelt u?'

Hij wees naar een rode sticker op de glazen wand van haar coupé. 'U mag niet naar buiten!'

Nu pas zag Puck de tekst. *CORONAPATIËNT – QUARAN-*

TAINE stond in vette, zwarte letters op het raam. Zoiets had ze nog nooit gezien. Hoe kon ze die gemist hebben?

'Maar dat is belachelijk, dat ben ik niet.'

'Dat kan ik nu niet controleren. Ik heb geen test bij de hand,' zei de man, ondertussen driftig gebarend dat ze terug naar binnen moest. 'U moet in uw coupé blijven. Dat zijn de regels.'

'Welke regels? Ik heb nog nooit zoiets meegemaakt,' riep ze, maar ze liep toch terug naar haar coupé. 'Trouwens, als ik wel ziek was, zou ik toch gewoon thuisblijven?'

'In theorie wel,' zuchtte de douanier die zichtbaar opgelucht was dat ze weer in haar coupé stond. 'Nog drie uur, dan bent u mijn verantwoordelijkheid niet meer.'

Hij schoof resoluut de deur dicht en liep direct door, verder discussiëren was kansloos.

Ze zakte terug in haar stoel. Hoewel die sticker volkomen idioot was en voor zover ze kon inschatten ook volledig illegaal, kwam het haar nu wel goed uit. Die waarschuwing had misschien haar buurman ook wel buiten de deur gehouden. Maar hoe kon het nou dat ze hem in Leiden op het perron had achtergelaten – als hij daar al was geweest – en hem dan nu weer hier zag? Beeldde ze het zich misschien toch allemaal in? Zijn gezicht was eigenlijk wel heel gewoontjes. Die kon ze overal tegenkomen. Hij leek dan wel op Poetin, maar kleine, stevige, kalende kerels met priemoogjes kwamen in duizendtallen voor. Alsof er in elk Europees land jaarlijks een reeks nietszeggende mannetjes werd afgeleverd. Bovendien had ze hem maar een fractie van een seconde gezien. Wie weet was hij gewoon een Duitse passagier die net was ingestapt. Zo'n Beierse conservatieveling met een bierbuik.

Ze schoot hardop in de lach. Van de zenuwen waarschijnlijk, maar vooral vanwege haar eigen fantasie en bekrompen observaties. Als journalist moest ze toch beter weten. Gellhorn had vast een veel ruimdenkendere blik op de wereld gehad. Ongetwijfeld had ze in een dergelijke situatie ook moediger gereageerd en had ze zich niet laten opjagen door een spookbeeld. Want waarschijnlijk was de man niet meer dan dat. Hij zat gewoon in haar hoofd, precies zoals Ernest had gezegd. Ze moest zich niet gek laten maken, herhaalde ze in gedachten. Hoe vaak moest ze dat nog tegen zichzelf zeggen?

Om stoom af te blazen belde ze Freek, maar ze kreeg zijn voicemail. Die was natuurlijk verveelde pubers aan het lesgeven. Maar net toen ze haar boek weer wilde oppakken, belde hij terug. Ze vertelde met toch nog trillende stem wat er was gebeurd. Op de zogenaamde verschijning van haar buurman reageerde hij lacherig met 'schat, jouw fantasie is altijd spannender dan de werkelijkheid', maar bij het verhaal over de sticker werd hij serieus.

'Trek dat ding er nu af,' zei hij ongekend streng. 'Dat slaat toch nergens op.'

Ze keek naar de felrode sticker. 'Het is wel raar ja.'

'Raar? Volkomen belachelijk, echt. Je bent toch geen melaatse? Laat je dan ook niet zo behandelen.'

Terwijl hij doorging over hoe belangrijk het was om je

niet te laten intimideren, liep ze terug naar de deur en peuterde met haar nagels de rand van de sticker los. Daarna trok ze hem er in een keer af en gooide de kleverige prop in een prullenbakje. Daarom reageerden de andere passagiers natuurlijk ook zo vreemd, bedacht ze. En daarom wilden ze niet bij haar komen zitten. Het voelde alsof ze zichzelf uit een gevangenis had bevrijd.

'Wie zou die erop hebben geplakt?' vroeg ze terwijl ze weer ging zitten. Maar ze kon Freeks antwoord niet meer verstaan, de trein schoot ineens een tunnel in. Alles om haar heen was direct pikdonker. Ze tastte boven haar hoofd en vond het leeslampje. Gelig licht vulde de ruimte, te zwak om haar boek nog te kunnen lezen. Net toen ze dacht dat ook de netwerkverbinding was weggevallen, reed de trein alweer de buitenlucht in. De bergen waren hier al een stuk hoger, alsof iemand in het donker even snel de decorstukken had verplaatst.

'Sorry, wat zei je?'

'Dat ik dat natuurlijk ook niet weet. Een slechte studentengrap? Een actie van een of andere politieke splinterpartij?'

'Misschien zat dat ding er al maanden op.' Ze voelde zich al wat rustiger worden. 'En heeft al die tijd niemand erop durven reageren.'

'Misschien ja.'

Ze hoorde aan zijn stem dat iemand zijn kamer was binnengekomen. 'Moet je weer door?'

'Yep, we gaan hier Satie oefenen. En please… hou je rare

fantasieën in toom. Geniet nou gewoon even, lieverd. Je hebt het verdiend.'

Toen ze ophing vroeg ze zich af hoe je dat deed, spontaan 'genieten'. Alsof een leven voornamelijk uit hoogtepunten kon bestaan. De gelikte verflaag van Instagram versterkte die illusie alleen maar. Zelf had ze een jaar geleden al haar socialmedia-accounts verwijderd, ze kon die nepverhalen niet meer aan. Die digitale detox had haar niet gelukkiger gemaakt, maar ook niet ongelukkiger. Gezien de tijd die ze ermee had gewonnen, was dat eigenlijk een prima eindresultaat.

Om zichzelf verder te kalmeren bladerde ze weer door het boek en las dat Gellhorn in 1944 in Nijmegen was geweest. Ze had daar veel gewonde kinderen gesproken, net als ze later ook in Afghanistan en Vietnam zou doen. Elke keer schreef ze over dezelfde stroom vluchtelingen, dezelfde kapotgeschoten soldaten en dezelfde verwoeste steden. Syrië, Irak of Libië kon je nu zo in datzelfde rijtje zetten. Gellhorn had gelijk, oorlog was een vreselijke reeks van herhalingen. Met dezelfde incompetente leiders en gefrustreerde ego's.

Opnieuw reden ze een tunnel in en nu duurde het langer voordat het daglicht weer verscheen. De trein dreunde op de rails. Af en toe zag ze door het raam een verlichte branddeur voorbijschieten. Haar oren piepten door de luchtdrukverplaatsing. Ineens flikkerde het leeslampje en viel het licht volledig uit. Haar coupé was weer aardedonker.

Ze schoof over de bank. Alleen de cadans van de wielen was nog te horen, die gek genoeg in de volledige duisternis harder leek te klinken. Wat nou als haar buurman hier toch wel was? Wat als hij ineens wel in de trein stond? Nee, geen rare verzinsels meer. Er was niets aan de hand. Op de tast zocht ze naar haar mobiel. Dan kon ze het zaklampje aandoen en… Plots klonk er een klap.

Ze beet weer op haar onderlip. Wat was dat? Nog een dreun, nu dichterbij. Ze gaf een gil.

Maar het gestamp van de wielen overstemde haar gil. Fuck, niemand kon haar hier horen. Hoe lang was die tunnel wel niet? Ze hoorde gerammel. Zat er iemand aan haar deur?

'Wie is daar?' Ze kroop in de hoek. Wat gebeurde er toch? 'Verdomme, wie is daar!'

Ineens baadde de coupé weer in het licht. De zon scheen fel naar binnen en een seconde lang was ze volledig verblind. Toen zag ze een jonge vent staan. Breed en gespierd, linnen hemd, Vans-sneakers en een volle baard. Het enige wat miste was een surfboard, wat zelfs in deze winterse omgeving uitstekend bij hem had gepast.

'Sorry dat ik je liet schrikken.' Hij wreef over een rode bult op zijn voorhoofd. 'Ik verloor mijn evenwicht.'

'Wie ben jij in godsnaam?'

'Ja, nogmaals sorry. Puck, toch? Ik ben Jelle.' Hij wilde zijn hand uitsteken maar trok hem meteen weer terug. 'O ja sorry, vergeten, je bent besmet.'

'Please Jelle, hou op met sorry zeggen. En nee, ik ben

níét besmet. Anders zou ik hier toch ook niet zijn? En hoe weet je wie ik ben?’

6

Met enige moeite tilde Puck haar koffer het schoongeveegde perron van het station van Gstaad op. Door de ijzige wind voelde het alsof het minstens vijf graden vroor. Kleine groepjes vakantiegangers stonden dicht bij elkaar, de meesten al met donzen winterjassen, bontmutsen en glimmende sneeuwlaarzen aan. Het beperkte aantal bezoekers werd ruim overtroffen door de grote hoeveelheid koffers. Louis Vuitton was duidelijk favoriet.

Ze speurde het perron af naar haar eigen persgroepje. Na de eerste schrik van hun ontmoeting had Jelle verteld dat hij een professionele snowboarder was die ongewild was uitgegroeid tot influencer. 'Als je op Insta meer dan 750.000 volgers hebt, weet iedereen je te vinden. Dat blijft vrij bizar.'

Dat had ze alleen maar kunnen beamen. Daarna had hij uitgelegd dat ze op dit tripje in totaal met zijn vieren waren en had hij haar meegenomen naar de andere twee. Dat waren Robin en Charlie, een gepensioneerde eeneiige tweeling die de sterren waren van *Delicious,* een nieuwe Netflix-serie over vergeten Europese keukens. Behalve de lengte van hun snor waren ze volledig identiek. Samen met Jelle hadden ze in een wagon verderop gezeten en in hun mail al gelezen dat Puck ook was uitgenodigd. Maar door de verwarring over de quarantainecoupé had het enige tijd geduurd voordat ze haar in de trein hadden opgespoord.

Het laatste uur van de reis hadden ze gezamenlijk het uitgebreide schema besproken. Hun agenda was elke dag volgeboekt, van het ontbijt tot en met de café complet na het diner. Puck had niet echt geluisterd en had zich vooral proberen te concentreren op haar boek. Sociaal doen kon altijd nog, vond ze. Tussendoor had ze wel opgevangen dat de reis niet alleen om eten draaide, wat haar geruststelde. Misschien zou ze dan uiteindelijk toch een diepgravender artikel kunnen schrijven dan het zoveelste humaninterestverhaal dat Ernest voor ogen had.

Ze dook wat dieper in haar sjaal. Het station was moderner dan ze zich had voorgesteld. Het had iets weg van een hip, industrieel restaurant met roestvrijstalen balken, glazen liften en designbankjes. Gezien de elite die zich hier elke winter scheen te verzamelen, had ze dat kunnen verwachten, maar toch vond ze het beeld teleurstellend. Ze had gehoopt op een krakend, oud houten stationnetje met een torentje en een grote koekkoksklok die al jaren kapot was.

Ineens zag ze Jelles blonde haren boven de andere passagiers uitsteken en hij zwaaide direct. Het joch was hartstikke vriendelijk, maar hij was wel zo iemand die je niet al bij het ontbijt tegenover je wilt hebben. Te vrolijk, te uitgeslapen, te fit. Ze haastte zich naar het groepje en keek voor de zekerheid toch nog even achterom om te checken of de engerd niet toevallig uit de trein was gestapt. Al had ze zichzelf inmiddels overtuigd dat hij haar echt niet hier heen was gevolgd.

Nu zag ze dat er een soort lakei met hoge hoed bij hun groepje was komen staan. Zijn uniform leek met dik bont gevuld en hij had de koffers van de anderen al naast zich verzameld.

'Fräulein Vonhouten.' Hij nam zijn hoed af toen ze dichterbij kwam. '*Herzlich willkommen*.'

Haar eerste reflex was hem te negeren en door te lopen. Ze vond deze poppenkast tenenkrommend irritant. Maar toen schoten Freeks woorden door haar hoofd en nam ze zich voor om te proberen echt te genieten. Ze glimlachte en antwoordde in haar beste Duits dat ze zin had in het lange weekend.

'Nou, dat komt goed uit. Ik ben Ben, jullie gids.' Hij gebaarde kort naar zichzelf, voor het geval ze zou twijfelen over wie het ging. 'Komt u allen mee. Dan zal ik in de arrenslee vertellen wat we allemaal gaan doen.'

Bij het woord slee begonnen Pucks alarmbellen opnieuw te rinkelen. Ze ging echt niet in zo'n toeristending door het drukke dorp rijden. Maar Robin en Charlie, die voor het gemak precies hetzelfde donkerblauwe ski-jack hadden aangetrokken en nu helemaal niet meer uit elkaar waren te houden, liepen direct met Ben mee. Ook Jelle sloot zich enthousiast aan en ze besefte dat ze er niet meer aan kon ontkomen.

Via een smalle poort kwamen ze bij de voorkant van het station en ineens zag de Zwitserse winterwereld er precies uit zoals ze zich had voorgesteld. Oude donkerhouten chalets, kronkelige weggetjes, romantische lantaarnpalen en een dik pak sneeuw. Een waterig zonnetje verlichtte de autovrije winkelstraat waar toeristen in bontjassen of spierwitte skipakken langzaam doorheen slenterden. Het was meteen duidelijk dat voor hen het skiën voor deze dag al voorbij was. Als ze het al hadden gedaan.

De antieke rode arrenslee, met schapenvachten op de bankjes en twee dampende paarden ervoor, stond al klaar. Ze moest bekennen dat het er op een Disney-achtige manier toch wel charmant uitzag. De koffers werden in een elektrisch wagentje geladen en Ben hielp haar de slee in. Ze nam plaats naast Jelle en voordat ze kon vragen hoe lang de rit ging duren, kregen ze van Ben bloedhete glühwein aangeboden. De geur van kruidnagels prikte in haar neus.

'Nou Ben, dank je wel hoor, het is nu al een verwennerij,' constateerde Robin (of was het Charlie?) toen ze tegenover haar kwamen zitten. Zijn snor leek bevroren, zijn neus was rood aangelopen. Hij tikte zijn broer aan en ze hieven hun plastic bekertjes. 'Proost dan maar! Is dit een beroemd Zwitsers recept?'

Terwijl Ben op de bok klom, vertelde hij over deze bijzondere wijn die schapenherders na barre sneeuwstormen moest verwarmen. Ondertussen deelde hij geroutineerd zijn weetjes over het 'ideale alpendorpje' met zijn tweehonderd kilometers betoverende pistes, unieke, strenge bouwvoorschriften, tientallen chique restaurants en ruim veertig bars waar de mondaine jetset verbleef.

Puck rilde. Vanwege deze onzin, maar ook door de kou. Haar wollen winterjas was duidelijk niet tegen deze pooltemperaturen opgewassen en ze kon nog net de neiging onderdrukken om dicht tegen Jelle aan te kruipen. In plaats daarvan trok ze een dik schapenvel over zich heen en klemde haar warme bekertje wijn stevig vast. Ondertussen ratelde Ben onafgebroken door over de unieke gletsjers en de meest moderne kabelbaan. Ze was zelf meer geïnteresseerd in de winkels waar ze voorbijgleden. Cartier, Prada, Vuitton, modernekunstgaleries en skishops die eruitzagen als designmusea. Wat kwamen de toeristen hier eigenlijk doen? Skiën of winkelen? In ieder geval hun ego's en status onderhouden, besloot ze.

'Wat een farce hè, al die luxe?' fluisterde Jelle in haar oor. Ze voelde zijn warme adem langs haar hals.

Verrast bestudeerde ze zijn gezicht. Meende hij dit nou? Zijn spiegelende Armani-zonnebril en Hugo Boss-jas suggereerden toch echt iets anders. Hij merkte dat ze hem observeerde en glimlachte.

'Ja, ik lijk erbij te horen,' vulde hij aan, zijn lippen tuitend alsof hij voor een selfie poseerde. 'Maar dit is allemaal nep. Allemaal gesponsord. Dat heb ik nodig om te kunnen snowboarden.'

Nu glimlachte Puck ook. Mensen met zelfspot vond ze een verademing. 'Hoe voelt dat? Om een wandelende reclamezuil te zijn?'

Maar voordat Jelle kon antwoorden stond de slee ineens stil. De paarden briesten en stampvoetten even. Het gerinkel van de grote bellen aan hun tuig verstomde langzaam. Ben ging midden op de bok staan en de tweeling keek direct vol verwachting naar hem op. Met een groots gebaar wees hij naar drie grote chalets bovenaan de weg. 'Wie weet wat zich daar allemaal afspeelt?'

'Dit haat ik... van die pubquizvragen,' fluisterde Jelle weer.

'Dat gevoel herken ik,' zei ze zacht tegen hem, en riep toen naar Ben: 'Orgies?'

Robin en Charlie keken haar verstoord aan. Een exact dezelfde, diepe rimpel verscheen tussen hun wenkbrauwen. Puck vond zichzelf ook best flauw, maar ze kreeg spontaan jeuk van dit soort kleuterspelletjes en kon zich dan niet bedwingen.

Ben liet zich echter niet uit het veld slaan. 'Nee... niet helemaal. Hoewel, later als ze volwassen zijn, zullen ze er misschien wel aan toe komen.'

Een van de tweeling, ze schatte in dat het Charlie moest zijn, draaide aan de punten van zijn snor. 'Nou, kom maar op Ben, hou ons niet langer in spanning.'

Terwijl hun gids zijn hoed afnam en over zijn kale hoofd wreef, begon hij te vertellen over de duurste kostschool ter wereld, Le Puiset. De hoofdvestiging bevond zich in

Genève, maar de wintercampus was hier in Gstaad. Tachtig kinderen van over de hele wereld streken hier elk jaar in januari neer. Drie maanden lang. 'Wereldberoemde namen hebben in deze chalets gelogeerd. Dan moet je denken aan de Spaanse koning Juan Carlos en koning Boudewijn van België. Maar het grootste nieuws is...' Hij zwaaide met zijn hoed als een circusdirecteur die een nieuwe act aankondigde. 'Over twee uur mogen jullie de eigenaren interviewen.'

7

Puck zat achter haar laptop aan een antiek bureau. 'Een moderne, romantische chaletsfeer,' had ze het interieur van haar suite op de bovenste verdieping net in haar artikel omschreven. Zelf had ze het niet uitgekozen, maar als journalist moest je dat niet in de weg zitten, vond ze. Wel kon ze het oog voor detail waarderen; oude leren reiskoffers als salontafel, leunstoelen met dikke plaids en geweien aan de muur. Het was chique, maar niet overdreven.

Sowieso was het hotel knusser dan ze zich had voorgesteld. Het lag direct aan de dorpsstraat, met groen geschilderde luiken, lampjes langs de rand van het puntdak en een grote haard in de hal. De gasten leken weggelopen uit een highsocietyevenement. Gekleed in opzichtige designeroutfits waren ze hier ongetwijfeld voor een zogenaamd authentieke alpenervaring. Lekker kaasfonduen op eikenhouten stoeltjes, maar wel met een magnumfles Dom Pérignon midden op tafel.

Ze had net een half uur gegoogeld naar verhalen over de kostschool. Behalve dat de kosten per jaar in de buurt van 150.000 euro per kind kwamen, kon ze eigenlijk niets opvallends vinden. Wel veel foto's van uitbundig lachende kinderen. Op de ski's, terwijl ze gearmd over besneeuwde wandelpaden liepen of als ze geconcentreerd aan het werk waren in ruim opgezette klaslokalen. Beelden die ouders vast graag wilden zien, maar ze geloofde niet dat zoveel pubers bij elkaar hier ook echt zo braaf samenleefden. Zulke verwende kinderen moesten toch weleens voor onrust zorgen. Dat kon niet anders.

Ze had zich voorgenomen de eigenaren daarover door te zagen. Over hen was gek genoeg weinig op het internet te vinden. Alleen dat Frederic Puiset, die jarenlang het familiebedrijf had geleid, tien jaar geleden was overleden en zijn Nederlandse vrouw Cecile het stokje had overgenomen. Puck had een foto van haar weten op te sporen, genomen tijdens de opening van een nieuw bijgebouw van de school. Een slanke, statige vrouw met haar grijze haren nonchalant opgestoken, vriendelijk lachend naar de camera maar zichtbaar niet op haar gemak in de publieke setting. Ze had iets weg van Catherine Deneuve, maar dan een verlegen versie. Ze stond nogal stijfjes naast een doek dat ongetwijfeld de naam van het gebouw moest onthullen. Haar ogen waren licht samengeknepen, alsof ze de fotograaf niet helemaal vertrouwde.

Waarschijnlijk zou mevrouw Puiset zelf niet bij het interview aanwezig zijn omdat ze vandaag jarig was, had Ben uitgelegd, maar ze zouden wel haar zoon, dochter en Simon, de decaan kunnen spreken. Toen ze Ben had gevraagd waarom ze op een culinaire persreis kostschoolmanagers interviewden, had hij eerst lacherig gereageerd. Toen hij doorhad dat ze geen grapje maakte, had hij afgemeten gezegd dat de familie Puiset al jaren de biologische boeren lokaal steunde. 'Ze hebben een fonds voor vergeten groenten opgericht, houden zelf honderd zwarte Hérens-koeien en produceren exclusieve raclettekaas. Dit zijn de mensen die je wilt spreken als je over de nieuwe Zwitserse keuken gaat schrijven.'

Gek genoeg had ze daar op de website van de kostschool weinig over teruggevonden, behalve dat er al jaren biologisch werd gekookt. Vermoedelijk waren al die snobistische ouders toch niet echt geïnteresseerd in de 'achterkant' van de school, zolang hun engeltjes zich maar in de Europese hoogste kringen konden begeven. In de schoolstatistieken zag ze dat de leerlingen vooral uit het Midden-Oosten, Rusland en China kwamen. Ze zag de kop van haar artikel al voor zich: LE PUISET, DE *FINISHING SCHOOL* VOOR DE NOUVEAU RICHE.

Ze klapte haar laptop dicht en haalde een notitieblokje uit haar tas. Hoewel ze interviews tegenwoordig ook met haar iPhone opnam, schreef ze toch altijd mee. Het hielp haar om kritisch te blijven denken tijdens het gesprek en niet te veel mee te gaan in de antwoorden van haar gesprekspartner.

Voor de spiegel checkte ze of de knoopjes van haar geruite overhemd goed zaten en baalde ze opnieuw dat ze niet toch de moeite had genomen om iets chiquers te kopen. Normaal wilde ze er juist zo gewoon mogelijk uitzien om op te kunnen gaan in de massa, wat belangrijk was voor een journalist. Nu had ze voor datzelfde effect eigenlijk iets opvallends moeten kopen. Niet dat ze er geld voor had. Ze deed mascara op, zette een lijntje met oogpotlood en zelfs met haar eigen kritische blik vond ze dat ze er vanavond redelijk uitzag. En dat ondanks de lange, best gespannen reis. In gedachten schoot haar buurman weer even voorbij. Wat kon ze zichzelf toch af en toe gek maken.

Onder een stapel kleren vond ze haar keycard en ze liep de gang op. Vanuit de bar beneden klonk zachtjes Beethoven en ze besloot de brede trap te nemen om de pianomuziek tegemoet te treden. Een oudere man die haar vaag deed denken aan Hugh Grant passeerde haar en toen ze de hoek om was besefte ze dat hij het waarschijnlijk ook echt was. Tenslotte was hij ook al over de zestig.

Ze doorkruiste de hal en liep Bar Pinte in. Elke zitje was bezet met uitbundige gasten. Grote pullen bier en bakken met borrelnootjes vulden de tafels. De ouderwetse donkere lambriseringen die ze normaal misschien somber had gevonden, maakten de drukke ruimte nu juist extra gezellig. Ze rook kaarsen, gesmolten kaas en de geur van verbrande dennenappels. Bij de haard zag ze haar groepje staan, met een oudere lange man en een graatmagere vrouw. Dat waren vast die decaan, Simon, en Nicole, de dochter, bedacht ze, en net toen ze zich afvroeg waar de zoon dan kon zijn, zag ze een bekend silhouet bij de bar.

Ze deed een stap naar achter. Die net te lange haren, die donkere coltrui, die felblauwe ogen. Hoe was het mogelijk? Wat deed Matz hier?

Hij had haar nog niet gezien. In de afgelopen twintig jaar was hij best oud geworden, een beetje verlopen zelfs, met diepe groeven in zijn gezicht, een grijzige baard en een beginnend buikje. Maar zijn mimiek, de manier waarop hij tegen de bar aanhing, iets bestelde en daarna achteloos op zijn telefoon keek, was onveranderd. Zelfverzekerd, tegen het arrogante aan, precies wat ze toen ook zo aantrekkelijk had gevonden.

Gedachteloos stopte ze een loshangende lok achter haar oren en liep op hem af.

'Hé, *stranger*, New York ontvlucht?'

Hij keek op, verstijfde even, van verbazing of schrik zelfs en lachte toen zijn breedste glimlach. '*My dear Dutchie*, wat brengt jou hier?'

'Die vraag wilde ik jou ook stellen.'

'Niet echt origineel, voor een journalist.' Zijn Nederlands met een vet Engels accent klonk vertrouwd melodieus. Hij pakte haar schouders vast en hield haar keurend op korte afstand. 'O god, dit is niet eerlijk. Nog net zo mooi. Nee, mooier nog. Hoe doe je dat?'

Ze glimlachte. 'Hi Matz, met jou ook alles goed?'

'O darling, je hebt geen idee.' Hij gaf haar een korte knuffel. Haar wang schuurde langs zijn baardje. Ze rook whisky, of dronk hij juist bourbon? 'Ik leef mijn droom.'

'Nog steeds lekker aan het spuiten?'

'Ja, maar nu vooral met verf,' zei Matz zachter en hij gaf haar zo'n vette knipoog, dat ze die maar als grap interpreteerde. Als hij het serieus had bedoeld was het gebaar extreem glad geweest. 'Maar vertel, hoe raak jij zo verzeild in *this zenith of upper class chique*. Toch niet echt jouw wereld.'

Voordat ze kon bedenken of dit een belediging was of juist een compliment, hoorde ze de opgewonden stem van Ben. 'O kijk nou, ik zie dat jullie elkaar al hebben ontmoet.' Hij kwam op een drafje op hen af en maakte met zijn armen weer een grote zwaai. 'Nou, meneer Puiset, mag ik u voorstellen, Puck van Houten, onze sterverslaggever uit Leiden.'

Ze keken elkaar zwijgend aan, duidelijk allebei de verrassende informatie razendsnel verwerkend.

'Hè? Jij een Puiset? Hoe kan dat?' vroeg Puck uiteindelijk als eerste. Ze hoorde dat het verwijtend klonk, maar ze kon het niet laten. Waarom had hij over zijn achtergrond gelogen? 'Je zei dat je ouders in Parijs woonden.'

'En jij? Toch niet terechtgekomen bij *The New York Times*?' sneerde hij terug.

Nu was het Ben die verbaasd keek. 'Kennen jullie elkaar al?'

'We hebben samengewoond.' Matz sloeg een arm om haar heen. Het gemak van het gebaar overviel haar. Het voelde nog steeds fijn om door hem vastgehouden te worden. 'Een mooie zomer lang.'

8

Ze zaten in een kamer die grensde aan de bar en de bibliotheek werd genoemd, al stond er maar één boekenkast met alleen een verstofte encyclopedie. De familie Puiset aan de ene kant, hun persgroepje ertegenover. Allemaal hadden ze een glas lokaal gebrouwen bier voor hun neus, waar alleen Jelle gretig van dronk. Puck was opgelucht dat de rest veel vragen had. Over het curriculum van de school en of er behalve het skiën ook nog les werd gegeven. Ze informeerden naar de beroemde leerlingen en de paparazzi die hen vast tot hier achtervolgden. Op aandringen van Ben vroeg de tweeling zelfs naar de biologische raclettekaas en of de studenten ook meehielpen in het boerenbedrijf. Wat natuurlijk niet het geval was.

Zelf kon Puck geen vraag bedenken. Ze was vooral bezig met het bestuderen van Matz. Hij had zichzelf aan de rest van de groep gepresenteerd als de bekende graffitikunstenaar uit Brooklyn, die vooral bij het kunstprogramma van de school betrokken was. Ze kon alleen maar terugdenken aan die Koninginnedag in 2001 toen ze elkaar op het Spui voor Café Hoppe hadden ontmoet. Hij was een *artist in residence* bij de Rietveld Academie en zij liep stage bij *Het Parool*. Onder invloed van veel joints waren ze al die eerste avond in haar piepkleine studiootje beland. Waar hij daarna vier maanden lang was gebleven.

Die zomer was in een roes aan haar voorbijgegaan. Houseparty's, grachtentripjes en lang uitslapen. Toen haar stage voorbij was en ze een echte baan moest gaan zoeken, had ze hem op straat gezet. Hij had gezegd dat hij dood zou gaan van liefdesverdriet, maar nadat hij naar Amerika was vertrokken, had ze nooit meer iets van hem gehoord. Behalve een keer een uitnodiging voor een grote expositie over 9/11. Hij noemde zich toen Matz de Kooning. Zou dat dan zijn artiestennaam zijn?

'Nou, we hebben nog een kwartiertje, dan moet de familie weer door.' Ben keek heel tevreden rond, alsof hij zelf net een groot artikel had afgerond. 'Welke prangende vragen zijn er nog?'

'Ja, onze excuses voor onze beperkte tijd,' zei Simon met een opvallend zachte stem. Puck had van een decaan toch een strengere toon verwacht. 'Mijn vrouw Cecile is jarig vandaag. Zeventig wordt ze.'

Simon was waarschijnlijk van dezelfde leeftijd, schatte ze in, maar hij had nog geen enkele grijze haar waardoor ze het toch niet zeker wist. Ze had net pas begrepen dat hij de tweede man was van Cecile, iets waarvan haar collega-journalisten allang op de hoogte leken. Haar research was dus zeker niet grondig genoeg geweest.

'Gefeliciteerd en fijn dat u toch tijd vrij hebt kunnen maken,' zei een van de tweeling eerbiedig knikkend en de ander knikte mee. 'Ik zat te denken, wat nog interessant zou zijn voor onze bloglezers is de grappigste anekdote in jullie… honderdjarig bestaan is het toch?'

Nu ging dochter Nicole ineens rechterop zitten, alsof dit haar moment was. Ze duwde haar strak geföhnde haar nog iets hoger en wreef in haar slanke handen vol gouden ringen.

'Nou, grappig dat je het vraagt, Matz en ik hadden het er vanmiddag nog over…' begon Nicole enthousiast en ze stootte haar broer vriendschappelijk aan. Matz schrok op en schoof iets van haar vandaan, waardoor het gebrek aan intimiteit tussen die twee pijnlijk duidelijk werd. Puck had nooit geweten dat hij een zus had. Gedurende die zomer had hij sowieso weinig over zijn familie verteld. Wat haar toen goed uitkwam, want ze had helemaal geen behoefte gehad aan persoonlijke verhalen. Voor haar was hij gewoon een korte flirt geweest, net als de rest van haar relaties.

'Wij zaten zelf natuurlijk ook op de school,' praatte Nicole onverstoorbaar verder. 'En het is traditie om van de meest vreemde voorwerpen sleeën te maken.'

Ze vertelde met veel armgebaren over stoelen en tafels waarmee ze de berg af gingen, maar Puck luisterde niet meer. Ze merkte dat Matz haar ook observeerde. Hoe bizar was het toch dat ze elkaar hier, in deze onwerkelijke setting weer tegenkwamen. Zou hij het een aangename verrassing vinden? Of voelde hij zich er net zo ongemakkelijk over?

Nicole viel even stil en Puck greep meteen het moment aan om de enige vraag te stellen die ertoe deed. 'En schandalen? Zijn er in jullie bestaan ook nog grote schandalen geweest?'

Ben trok verschrikt zijn wenkbrauwen op en maakte onder tafel een afkappende beweging in haar richting. 'Ik denk dat Puck bedoelt of er ook weleens spannende dingen zijn gebeurd.'

'Nee, dat bedoel ik zeker niet,' zei ze iets harder en ze zag een spottende glimlach op Matz' gezicht verschijnen. 'Ik wil echt weten of de school in al die jaren weleens in opspraak is gekomen.'

'Nou, het is natuurlijk weleens voorgekomen dat er een prins is geschorst of zo,' begon Nicole aarzelend en ze nam, voor het eerst tijdens het interview, een slok bier. 'Kijk, onze reputatie is van essentieel belang en gelukkig is er nooit...'

'Behalve die ene keer,' onderbrak Matz zijn zus en hij hield zijn spottende blik op Puck gericht. Alsof hij het verhaal alleen aan haar vertelde. 'Het moet vlak voor onze geboorte zijn geweest, eind jaren zeventig. Er was een wild feest in het jongenschalet... héél wild. Met lokale meisjes. Veel mensen van onze leeftijd in het dorp zijn daar verwekt.'

'Matz!' gilde Nicole ontzet.

Ook Simon riep zijn naam. 'Dat is de grootste onzin!'

'Ja, inderdaad, absolute nonsens.' Matz lachte hard. 'Maar wel grappig.'

Nu schoot Puck zelf ook in de lach, hoewel ze direct zag dat de anderen lichtelijk gegeneerd wegkeken.

'Nou Matz, dank voor deze uitzonderlijke bijdrage.' Simon stond snel op, trok zijn jasje recht en bood Nicole zijn arm aan. 'We moeten maar eens gaan, je moeder verwacht ons voor het diner.'

En terwijl ook Matz zijn stoel naar achter schoof, liep ineens een rijzige vrouw in een blauwfluwelen broekpak de kamer in. Puck herkende haar onmiddellijk van de foto, hoewel ze in levenden lijve nog gracieuzer was. Ze bewoog beheerst en haar blauwe ogen waren uitzonderlijk helder en fel.

'Mammie,' zei Nicole, haar lippen net te strak samengeperst. 'Wat een verrassing.'

Simon boog zich direct naar zijn vrouw toe en gaf haar een kus op haar wang. 'Darling.'

'Ja, ik dacht, ik kan net zo goed zelf mijn gezin voor het diner op komen halen. En dan kan ik tegelijkertijd de pers ook nog even begroeten.' Haar Nederlands was ouderwets beschaafd en haar toon hautain, vooral de manier waarop ze 'pers' zei. Alsof ze van koninklijken bloede was en de media een uitzonderlijke blik in haar leven gunde.

Ben sprong meteen in het gelid. 'Ach, mevrouw Puiset, wat vriendelijk van u.'

'Geen probleem. Het is fijn om u allemaal even te ontmoeten.' Ze stak haar hand naar Jelle uit. 'Jij bent de snowboarder, neem ik aan.'

Nu stond Jelle ook op, en de tweeling volgde zijn voorbeeld. Cecile maakte met iedereen een kort, vriendelijk praatje en informeerde naar hun ideeën voor een artikel. Bij Puck stond ze wat langer stil en hield haar hand stevig vast. Haar vingers voelden fragiel en ijskoud, het dunne vel bijna breekbaar. 'En jij moet Puck zijn, de jongste winnaar van het Gouden Pennetje ooit.'

Haar priemende ogen leken naar binnen te kijken. En omdat Cecile de nadruk op 'jongste' had gelegd, voelde Puck zich ineens een kind. 'Ja, dat was een mooie erkenning, maar daarna heb ik nog wel een paar aardige artikelen geschreven.'

'Daar twijfel ik niet aan.' Nu pas liet Cecile haar hand los. 'Het is goed om je hier in Gstaad te hebben. Ik ben razend benieuwd welk verdiepend achtergrondartikel je over ons kunt schrijven.'

'Nou, dat was het dan,' zei Matz snel en hij gaf zijn moeder een arm. 'Kom mama, laten we gaan wandelen, voordat het weer gaat sneeuwen.'

Cecile knikte kalm en liet zich door haar zoon en dochter de ruimte uit leiden, terwijl Simon het interview met een 'dank voor jullie aandacht' resoluut afsloot. Ben knikte hem dankbaar toe.

Direct nadat alle familieleden weg waren, draaide Jelle zich naar Puck toe. 'Dit was een vreemd gesprek. Interessant, maar vreemd.'

'Heel vreemd, ja,' herhaalde ze. 'Vooral dat die Cecile precies wist wie we waren. Ze houdt het mediabeleid duidelijk zelf strak in de hand.'

'Inderdaad ja, en bizar dat jij die zoon bleek te kennen.'

'Die was geloof ik net zo verbaasd als ik. Die wist duidelijk van niets.'

'Hij leek ook niet echt bij de rest te passen.'

'Grappig dat je dat zegt,' zei waarschijnlijk Robin, want hij had de kortste snor. 'Dat zeiden wij nou net ook al tegen elkaar. Hij leek wel het zwarte schaap van de familie. Niet zo beschaafd als de rest.'

Puck beet op haar onderlip om niet in lachen uit te barsten. Niet zo beschaafd, herhaalde ze in gedachten. Dat was Matz juist wel, authentiek in ieder geval. De rest leek zo nep en gecontroleerd.

'Hebben jullie genoeg informatie verzameld?' vroeg Ben die erbij kwam staan. Hij vermeed haar blik, duidelijk nog gepikeerd door haar impertinente vraag. 'Ja? Zullen we dan aan tafel gaan? Volgens mij heeft de chef een fantastisch menu voor jullie samengesteld. Hij verklapte dat vooral de langoustinesoep een bijzondere smaaksensatie zal opleveren.'

Ben ging hun voor naar een kleine opkamer met een ronde tafel in het midden. Ook hier brandde een groot haardvuur en Puck ging met haar rug naar de vlammen zitten. In het begin probeerde ze de gedetailleerde culinaire gesprekken nog te volgen, maar bij de zoveelste discussie over de ideale gaartijd van lam, liet ze haar gedachten afdwalen. Eerst naar de zomer van 2001 en de heerlijke seks die ze met Matz had gehad. Vooral in de buitenlucht, ze hadden het zelfs eens achter het monument op de Dam gedaan. Na het zesde glas wijn werden haar fantasieën steeds wilder en moest ze bekennen dat ze Matz absoluut opnieuw zou proberen te versieren als hij hier vanavond aan de bar zou zitten. En toen ze, inmiddels dronken, bij de zoete dessertwijn waren aangekomen, wist Puck zeker dat ze opnieuw contact met hem ging zoeken. Al was het maar omdat de familie Puiset haar intrigeerde en ze vermoedde dat er inderdaad een interessant verhaal over ze te schrijven was. Precies zoals Cecile had gesuggereerd.

9

'Dit ga ik echt nooit meer doen!' gilde Puck naar Jelle, die vijf meter lager op de piste op haar stond te wachten. Ze wilde nú van deze berg af. Haar hoofd bonkte van de kater en ze had het ijskoud. Opnieuw probeerde ze haar schoen in de binding te klikken, maar weer gleed haar ski weg. Haar benen leken uit elkaar getrokken te worden. 'Wat is dit toch een rotsport! Wie doet dit in godsnaam voor zijn lol?'

Op dat moment schoten twee vrouwen in lichtblauwe, matchende skipakken voorbij. Ze stonden kaarsrecht, alleen hun heupen wiegden licht heen en weer. Het zag er niet echt sportief uit, maar in ieder geval wel eleganter dan het onaantrekkelijke gestuntel van haar. Iedereen om haar heen bleek sowieso veel beter te kunnen skiën dan zij. Het voelde alsof ze voor het eerst in Japan was geland en mensen verbaasd waren dat zij de taal niet vloeiend sprak.

'Wacht maar, ik kom je helpen.' Jelle maakte zijn eigen ski's los, prikte zijn stokken in de sneeuw en rende tegen de helling op naar haar toe. Elke handeling die hij verrichtte zag er irritant soepel uit, alsof hij op de piste was geboren. Dat hij met de GoPro op zijn helm die acties ook nog filmde, irriteerde haar nog meer.

'Sla de sneeuw van de zool en probeer het opnieuw,' zei hij, terwijl hij met zijn linkerschoen haar wegglijdende ski tegenhield. 'Ja, nu! Klik in een keer door.'

Moeiteloos klikte ze haar skischoen direct weer vast en kon ze de sneeuw van haar broek kloppen. Ze had een skipak van de beeldredacteur geleend, maar die was net wat dikker, waardoor bij elke val natte sneeuw naar binnen gleed. 'Dank. Kom, laten we alsjeblieft zo snel mogelijk ergens iets warms gaan drinken. Ik geef het op.'

'Ik kan wel een shot cafeïne gebruiken ja. Gisteravond heeft er echt ingehakt.' Jelle glimlachte breed, maar voordat hij terug kon lopen, ging zijn mobiel. Ook bij Puck kwam een berichtje binnen. Met moeite deed ze haar handschoenen uit en viste de telefoon uit haar binnenzak. Ze zag dat Ben een sms had gestuurd.

'Dit is bizar,' zei ze, terwijl ze las dat ze zo snel mogelijk terug moesten keren naar het dorp. *Ik heb vervelend nieuws,* stond er in vette letters onderaan het bericht.

'Heel bizar ja,' zei Jelle, die ook nog naar zijn telefoon staarde. 'Zou de reis worden gecanceld?'

'Denk je?'

Hij haalde zijn schouders op. 'Wat zou het anders kunnen zijn?'

'Ik hoop het eigenlijk niet.'

'Misschien valt het mee, maar ik denk wel dat we nu moeten gaan.'

Ze knikte en deed haar handschoenen weer aan. 'Wil je voor mij uit skiën?'

'Tuurlijk, kom.' Hij gaf haar een kort klopje op haar schouder en maakte zijn helm weer vast. 'We gaan het rustig aan doen.'

En inderdaad, met grote, lange bochten skieden ze langzaam de blauwe piste af. Zo vond ze het eigenlijk best lekker. De frisse wind in haar gezicht, de verse sneeuw die onder haar ski's piepte en de kalme bewegingen brachten haar tot rust. Misschien kon ze toch wat langer blijven. Stel dat Ben inderdaad de trip zou annuleren, dan kon ze gewoon een week vakantie opnemen. Ze hoefde niet te skiën, wandelen zou hier vast ook mooi zijn. Ernest zou het alleen maar aanmoedigen. Tot zijn irritatie had ze al bijna een jaar geen vrij genomen. Hij zei constant dat rust haar goed zou doen. En wie weet zou ze Matz dan nog eens kunnen opzoeken.

'We zijn er bijna,' riep Jelle haar toe zonder om te kijken. 'Hier moet je al wat vaart minderen.'

Ze zag aan het eind van het bospad inderdaad de eerste chalets van het dorp opdoemen. Geconcentreerd puntte ze haar ski's en wilde afremmen, toen ze hém ineens weer zag staan. Kaarsrecht stond hij daar, aan de rand van het bos. Haar buurman. Zonder twijfel. Ze herkende zijn vale grijze jas. Hij staarde haar recht aan.

Ze moest naar hem toe. Hem vertellen dat hij moest oprotten.

'Hé, jij daar,' gilde ze en maakte snel een bocht. 'Wat doe je hier?'

Ineens gleed een van haar ski's weg. Met maaiende armen probeerde ze rechtop te blijven staan. Ze prikte wild met haar stokken, maar ze was haar evenwicht al verloren. Haar ski's klapperden luid. Ze moest diep door haar knieën zakken om te blijven staan en kreeg steeds meer vaart. Binnen een seconde haalde ze Jelle in. Ze hoorde dat hij haar riep, maar ze kon onmogelijk nog remmen. Puck kneep haar ogen tot spleetjes. Haar blik vernauwde. Zou de man haar volgen?

Rakelings schoot ze langs andere skiërs. Ze schreeuwden haar toe dat ze te hard ging. Het café aan het eind van de piste kwam inderdaad steeds sneller op haar af. Ze moest nu echt remmen. De verse sneeuw spoot om haar heen. Nu! Haar keel kneep samen. Haar benen leken volkomen verstijfd. Ze kon geen bocht meer maken.

'*Hilfe*!' gilde ze. Ze zou het terras op schieten, andere mensen ondersteboven skiën. 'Help dan toch!'

Ze hoorde Jelle schreeuwen, maar ze kon hem niet verstaan en probeerde om te kijken. Nog voordat ze hem kon zien, schoten haar ski's over elkaar. Ze verloor een van haar stokken, voelde een klap in haar knieën en raspte over ijs. Met een ruk vloog ze voorover, haar gezicht gleed over de sneeuw en alles werd zwart.

Een tik tegen haar wang. Nog een.

'Au, hou op,' zei ze terwijl ze haar ogen opende. Vier onbekende mensen stonden bezorgd voorovergebogen in een kring om haar heen.

Jelle zat op zijn knieën naast haar. Hij veegde sneeuw van haar gezicht en had haar helm losgemaakt. 'Gaat het?'

'Wat doe je? Natuurlijk gaat het.'

'Gelukkig.' Hij glimlachte en knikte naar de omstanders. 'Volgens mij is ze weer helemaal oké. Nog bedankt.'

De mensen liepen verder en Jelle hielp haar naar een zittende positie.

'Inderdaad, goed gezien, ik ben helemaal oké,' zei ze nog eens, al voelde ze een zeurende pijn in haar schouder. 'Waarom zou ik dat trouwens niet zijn? Ik ben misschien niet zo'n goede skiër, maar...'

Ineens zag ze weer het beeld van haar buurman, aan de rand van het bos. En herinnerde ze zich wat er was gebeurd. Ze keek om zich heen. Zou hij hier nog zijn? De piste was leeg. Alleen bij het terras zag ze een paar mensen staan.

'Wat gebeurde er nou net?' vroeg Jelle, die niet doorhad hoe angstig ze was. 'Waarom ging je er ineens vandoor? Verloor je de controle? We gingen toch niet zo hard? En ik...'

'Er was een man,' onderbrak ze hem. 'Hij volgt mij. Overal.'

'Een man? Hier? Wat bedoel je?'

Ze probeerde op te staan, maar gleed weg. 'Ja, hier.'

'Ik heb niemand gezien. Ken je hem?'

'Hij is mijn buurman.'

'Je buurman? Waarom zou die je volgen? Heb je misschien je hoofd gestoten? Voel je je duizelig? Misselijk?'

Jelle sloeg een arm om haar schouders, maar Puck schudde zich los. 'Met mijn hoofd is niets mis. Ik droeg toch een helm. Nee, hij was hier echt en...'

'Zo, dat was een forse val,' hoorde ze Ben plots zeggen. Hij had hen duidelijk staan opwachten en kwam vanaf het terras aanlopen. Nu pas zag ze dat ook de tweeling bij hem was. 'Ik had gevraagd snel te komen, maar niet ten koste van alles. Gaat het?'

Met behulp van een van haar stokken kwam ze nu wel overeind. 'Ben, goed dat je er bent. Ja, ik ben nog heel, niets gebroken of zo. Maar ik schrok van mijn buurman uit Leiden. Die stond hier ineens. Hij volgt mij overal.'

Terwijl ze het zei hoorde ze zelf hoe vreemd dit klonk en Ben trok inderdaad verbaasd zijn wenkbrauwen op. 'Een stalkende buurman. Hier, in Gstaad?'

'Ja, ik begrijp dat het heel raar klinkt, maar hij was hier echt.' Ze wees naar boven. 'Daar, aan de rand van het bos. Bij die hoge dennenbomen.'

Jelle tuurde naar de plek die Puck aanwees. 'Ik zie niets. Ik heb daar ook echt niemand zien staan. Weet je zeker dat hij...'

'Ja, natuurlijk weet ik dat zeker,' onderbrak ze hem weer. Haar stem trilde. Waarschijnlijk van de schrik, de pijn in haar schouder, de kou wellicht, maar ook omdat ze weer begon te twijfelen. Ze was toch niet gek aan het worden? 'Hij stond daar echt.'

Ben schudde zijn hoofd. 'Dat kan niet.'

'Hoezo niet? Ik zag toch...'

'Dat bos is van de familie. Van de Puisets. Het hoort bij de kostschool.'

Ze sloeg de sneeuw van haar broek. 'Nou, dan betrad hij dus ook nog verboden terrein. Een extra reden om de politie erbij te halen.'

'Die hebben wel wat beters te doen.' Ben zuchtte diep, zijn mondhoeken zakten naar beneden. Hij legde een hand op haar schouder. 'Daarom heb ik jullie ook gevraagd terug te komen. Niet schrikken, maar...'

Hij zweeg en leek even te twijfelen.

'Nou wat?' drong Jelle aan.

Ben zuchtte. 'Vanochtend vroeg hebben ze mevrouw Puiset gevonden. Hier, in het bos. Dood.'

'Wat?' De tweeling sloeg tegelijk een hand voor hun mond. 'Echt?'

Ben knikte. 'Neergeschoten. Recht door haar hart.'

10

Puck schoof de deur naar haar balkon open en stak een sigaret op. Ze was al bijna twee jaar geleden gestopt, maar bij stress kocht ze direct een pakje. Ze nam een diepe hijs, ritste haar jas dicht en ging op het bankje zitten. Eigenlijk was het veel te koud, maar ze wilde de zonsondergang niet missen. De lucht kleurde al lichtpaars, violet bijna en de bergtoppen kregen een scherper silhouet. De pistes waren verlaten, de geluiden van de straat werden door de verse sneeuw gedempt.

Ze blies de rook in kleine cirkels omhoog. Een truc die Matz haar met engelengeduld tijdens die zomer van 2001 had geleerd. De afgelopen uren had ze veel aan hem gedacht. Wat een bizarre dag moest hij gehad hebben. Eerst was er die liftbediende geweest die in blinde paniek de politie had gebeld. De arme man had vanuit een skigondel Cecile in een plas bloed zien liggen. Daarna was de politie volgens Ben meteen naar Matz gegaan om hem te vertellen dat zijn moeder was vermoord. Direct waren de media verschenen, die nu al uren rijen dik voor hun chalets stonden opgesteld.

Ze had Ben om Matz' nummer gevraagd maar ze had hem tot nu toe niet gebeld. Ze twijfelde nog steeds. Ze wilde hem condoleren, maar ze kon niet inschatten of hij vandaag op een vage bekende zat te wachten. En ze had nog maar weinig tijd om contact met hem te leggen, want Ben had net doorgegeven dat de persreis inderdaad beëindigd zou worden.

'Het dorp is totaal van slag,' had hij geëmotioneerd uitgelegd, terwijl hij de nieuwe treintickets uitdeelde. 'De familie is volledig met Gstaad verweven. De burgemeester heeft twee dagen van rouw afgekondigd. Alles gaat hier per direct dicht. Ook omdat er misschien een zware storm aankomt.'

Ze waren het met elkaar eens geweest dat de culinaire reis nu niet meer gepast was. 'Bovendien, als ook de restaurants gesloten zijn, heeft het voor ons sowieso weinig zin meer,' had Robin er gelaten aan toegevoegd. Jelle had nog gevraagd of ze toch over Gstaad mochten publiceren. Dat had Puck een stomme vraag gevonden, want natuurlijk waren ze vrij te schrijven wat ze wilden.

Inmiddels was de zon volledig achter de scherpe kam van de Furggenspitz gezakt en meteen voelde de wind kouder aan. Ze drukte haar sigaret uit en hoewel ze niet paranoïde wilde lijken, keek ze toch even over de rand van het balkon. Nergens klonk muziek en maar weinig toeristen waagden zich nog buiten. Het dorpje zag er grimmiger uit.

Ze liet haar blik over de straat glijden maar zag haar buurman nergens staan. Natuurlijk niet. Ze was na haar val niet meer over hem begonnen. Ceciles moord relativeerde haar zorgen. Bovendien leek niemand haar te geloven. Toch draaide ze voor de zekerheid de balkondeur op slot en liet zich op het bed vallen. Meteen voelde ze weer een steek in haar beurse schouder. De val was heftiger geweest dan ze had laten blijken en ze had behoefte aan Freeks troostende stem. Ze vroeg Siri om zijn nummer.

'Hé berggeit, hoe is het daar? Ben je aan de schnaps?'

'Nee, we vertrekken vanavond.'

'Vanavond al?'

'Ja, helaas wel.'

Freek luisterde aandachtig naar haar verhaal over de val, de reden van hun vertrek en de dood van Cecile, maar toen ze over haar buurman begon te vertellen, onderbrak hij haar meteen. 'Nee hè, we gaan het niet weer over die vent hebben. We hadden toch allang besloten dat hij alleen in je hoofd zit.'

'Hoe dan? Ik zie hem toch staan!' riep Puck snel voordat ze weer aan zichzelf kon twijfelen.

Ze hoorde dat hij zuchtte. 'O Puck, we zijn hier al eens doorheen gegaan...'

Hij had natuurlijk gelijk. Zoals altijd. Ze dacht terug aan vorige winter, toen ze ook vermoedde dat een man haar achtervolgde. En zelfs dacht dat hij haar laptop had gestolen, die later gewoon op de redactie was gevonden. 'Maar toen bleek ik oververmoeid.'

‘En nu dan? Gaat het nu wel goed met je?’

‘Natuurlijk.’

‘Echt?’ Freeks stem klonk zacht. ‘Ik maak me anders best zorgen.’

‘Om mij?’

Hij zuchtte weer. ‘Je bent al een tijdje niet meer jezelf.’

‘Echt? Vind je dat?’

‘Ja… je komt overal te laat. Vergeet dingen. Hebt schulden. Slaapt slecht. Bent extreem onhandig. En dit klinkt hard, en ik zeg het alleen omdat ik de enige ben die het je kan zeggen… je verzorgt jezelf ook niet goed.’

‘Dit meen je niet!’

‘Wanneer ben je bijvoorbeeld voor het laatst naar de kapper geweest? En ik heb je al heel lang niet meer in nieuwe kleren gezien.’

‘Waar slaat dat nou ineens op? Ik vind mijn uiterlijk gewoon niet zo belangrijk.’

‘Dat is niet mijn punt.’

Ze luisterde naar zijn zware ademhaling. Ze had zo graag nu naast hem op de bank gezeten. Schuilend tegen zijn brede schouder, zonder verder nog te praten. Ze hunkerde naar zijn troostende knuffels.

‘Wat wil je hier dan wel mee zeggen?’ vroeg ze uiteindelijk maar, omdat schuilen op afstand nu eenmaal niet goed ging.

‘Ik denk dat je depressief bent. Of in ieder geval depressieve klachten hebt.’

‘Waarom zou ik dat in godsnaam zijn?’

'Dat weet ik niet. Misschien moet je dat eens gaan uitzoeken.'

'En daar horen hallucinaties bij?'

'Weet ik veel,' zei hij en ze hoorde voor het eerst iets van wanhoop in zijn stem. 'Maar ik denk dat je snel met een psychiater moet gaan praten, voordat je opnieuw de politie inlicht.'

'Maar hij was hier Freek, echt!'

Opnieuw zuchtte hij diep. 'Oké, stel dat hij daar wel in dat bos op je stond te wachten, wat zou hij dan van je willen? Waarom zou hij je helemaal naar Gstaad volgen? Zei hij iets? Maakte hij gebaren?'

'Nee... hij stond daar maar.' Haar stem werd met elk woord zachter. Freek had gelijk, het klonk allemaal te absurd. Waarom zou zij in vredesnaam een doelwit zijn?

'Maar goed, als hij je dus al zou volgen,' ging Freek nu wat rustiger verder. 'Dan doet hij je in ieder geval geen kwaad. Dat is toch een fijn idee?'

'Nou ja, fijn.'

'*Whatever*, laat het gewoon rusten Puck. Echt. Ga met jezelf aan de slag. En probeer te analyseren waar deze op hol geslagen fantasie nu weer vandaan komt.'

Ze speelde met de rand van het dekbed en dacht aan het matte gevoel dat ze maar niet kwijtraakte. Als ze eerlijk tegen zichzelf was, dan overleefde ze al lange tijd puur op haar sarcasme. Vlak na de dood van haar moeder had ze eens met een coach gesproken die het had over de kracht van positief denken. Zo'n modegevoelig concept waar ze een hekel aan had, en dat blije denken was haar ook niet gelukt. Ze piekerde liever dan alles in gedachten roze te moeten kleuren. Maar wie weet kon een goede psychiater nu toch wel iets voor haar betekenen. Al geloofde ze niet dat haar zogenaamde waanideeën dan ook echt zouden verdwijnen.

'Beloofd,' zei ze uiteindelijk, vooral om van Freeks gedram af te zijn. 'Ik ga volgende week op zoek naar hulp.'

'Nee mórgen, zodra je thuis bent.'

'Oké, morgen.'

'Goed zo, ik ben nu al trots op je.'

Ze namen afscheid en ze knipte het lampje naast haar bed aan.

'Met mezelf aan de slag gaan,' zei ze hardop. Ook weer zo'n populair vrouwenblogconcept dat ze verafschuwde. Ze zag er nu al tegen op. Al sputterend tegen zichzelf schudde ze de kussens wat op en pakte Martha Gellhorns boek van het nachtkastje. Eigenlijk was lezen het enige wat haar nog echt kon boeien. Als ze dat nou uren per dag kon doen, was er niets aan de hand. Ze sloeg de conclusie van het boek open en zag aan het begin weer de zin staan die haar destijds de journalistiek in had getrokken.

Zorgvuldige en eerlijke journalistiek is essentieel in deze wereld.

Haar oren begonnen te suizen. Wat was er eigenlijk van haar eigen nobele voornemen overgebleven? Ze had ook over de wereld willen reizen en de waarheid willen beschrijven, maar ze was niet verder gekomen dan Leiden. Haar mislukte droom om oorlogscorrespondent te worden had ze altijd gerelativeerd. Ze had vaak geroepen dat ze in haar eentje toch geen verschil kon maken. Maar dat was een slap excuus geweest, begon ze steeds meer te beseffen. Ze was er nooit echt voor gegaan omdat ze bang was te falen in het enige wat ze echt graag wilde doen.

Terwijl de duisternis geleidelijk haar kamer binnentrok dacht ze aan de kansen die ze voorbij had laten gaan. Voor de krant had ze naar Syrië mogen gaan, maar ze was toch thuisgebleven. Ook het aanbod om terugkerende jihadstrijders te interviewen had ze afgeslagen. Eigenlijk wist ze niet eens meer waarom. En nu was ze 42, zonder gezin, zonder familie, zonder hypotheek. Wat hield haar nou nog tegen om een einde te maken aan deze langdurige 'tussentijd'? Aan al die jaren tussen je kindertijd en het moment dat je eindelijk in het leven gaat doen waarvoor je hier op aarde bent. Althans, zo had haar moeder die periode omschreven.

Was dit niet het juiste moment om te laten zien wat ze kon? Vooral aan zichzelf. Dat was waarschijnlijk een veel betere therapie dan maandenlang bij een psychiater op de sofa liggen.

Puck sloeg het boek dicht en ging rechtop zitten. Dat was het. Ze moest gewoon aan het werk. Hier lag een intrigerend verhaal voor het oprapen. Een brute moord in de speeltuin van de elite, een upper class met connecties die zich uitstrekten door heel Europa. Dit was misschien wel de laatste kans om de belofte van het Gouden Pennetje eindelijk in te lossen. Ze moest die kans met beide handen aangrijpen en niet langer twijfelen. Ze kon dit gewoon, ze ging dit doen.

Tien minuten voordat ze zich met haar koffers beneden bij de receptie had moeten melden, pakte ze de telefoon. 'Hé Ben, alles goed? Mooi. Zeg, op mij hoef je niet te wachten hoor. Ik blijf hier.'

11

Jelle stond voor haar op de stoep. 'Weet je het zeker?'

Ze knikte.

'Echt? Je kunt nog mee.'

'Nee. Er ligt hier een verhaal dat verteld moet worden.'

Jelle haalde zijn schouders op en trok een muts over zijn oren. 'Waarschijnlijk wel ja, maar *stay safe*.'

'Ik hoop van niet. Dat zou het artikel alleen maar mooier maken.'

'Dat is ook weer waar. Nou, succes dan maar.'

Soepel sprong Jelle de arrenslee op en de tweeling zwaaide naar haar vanaf de achterste bank. Daarna trok Ben de teugels aan. Hij had geen afscheid van haar genomen. Waarschijnlijk was hij chagrijnig omdat ze had besloten te blijven. Hij was wel zo vriendelijk geweest om haar kamer niet op te zeggen. Ze mocht nog drie dagen in het hotel logeren. Precies zoveel tijd als Ernest haar had gegeven om het artikel af te ronden. Hij had meteen geloofd in haar idee om een stuk over deze jetset-moord te schrijven.

Met luid gestamp van de paarden gleed de slee de straat

uit. Puck beefde. De temperatuur was vanmiddag ineens fors gedaald. Het was opnieuw gaan sneeuwen en kleine sneeuwvlokken dwarrelden als confetti op haar jas. De kroeg aan de overkant van de straat was gesloten, de luiken zaten potdicht en de straat was donker en verlaten. Even bekroop haar weer de twijfel en wilde ze achter de slee aanrennen, maar ze draaide zich resoluut om. De bar in het hotel was nog open, daar moest ze maar eens beginnen.

De ruimte die gisteren nog knus en gezellig was, leek nu meer op een verlaten filmset. Het haardvuur gloeide nog wat na, sommige kaarsen flakkerden in de tocht, maar verder waren de tafels leeg. Alleen in de hoek zaten twee stellen dicht bij elkaar. De kaalgeschoren mannen die verveeld op hun telefoons keken, waren duidelijk twee decennia ouder dan hun vriendinnen. Zij waren te blond, met te lichte lippenstift en hun diepe decolletés hingen zo ver over hun cocktails heen dat er bij een al bijna een borst uit floepte. Met moeite kon Puck de neiging onderdrukken de vrouw hiervoor te waarschuwen.

Ze schoof aan de bar en bestelde een absint. De oude, verveelde barman trok afkeurend een wenkbrauw op, maar voordat hij iets kon zeggen, bestelde ze er meteen nog een. Ze liet zich niet meer intimideren. Vanaf nu bepaalde ze zelf wat er in haar leven gebeurde.

'Een dubbele dus? Of wilt u hem soms weggeven?'

'De andere is voor jou.'

Zijn gezicht brak onverwacht open. Een brede lach trok

zijn diepe rimpels recht. 'Daar krijgt u geen spijt van.'

Met een zwierig gebaar zette hij twee hoge glazen met een dikke rand op de bar.

'Zie hier, de groene fee,' zei hij terwijl hij een helder gifgroen drankje inschonk. 'Of de groene heks. Afhankelijk van je perspectief. Wist u dat het bijna een eeuw lang verboden is geweest?'

'Daarom wil ik het juist. Hemingway zou trots op mij zijn geweest.'

Nu lachte de man hardop. 'Nou, Picasso ook. En Van Gogh. Hebt u ooit gehoord wat de schrijver Oscar Wilde over deze duistere fee heeft geschreven?'

Puck schudde haar hoofd en volgde zijn geroutineerde handelingen. Eerste zette hij de glazen in een rechte lijn, daarna pakte hij twee zilveren lepels met gaatjes en legde die erbovenop. 'Oscar Wilde beweerde dat je na het eerste glas de dingen ziet zoals je ze graag wilt zien. Na het tweede glas zie je de dingen zoals ze niet zijn en na het derde glas zie je de dingen zoals ze werkelijk zijn en dat is het meest afschuwelijke van alles.'

'Dat klinkt veelbelovend. Ik ben Puck trouwens.'

'Mij noemen ze hier Pierre. Al veertig jaar.' Hij doopte twee suikerklontjes in de absint en legde ze op de lepeltjes. 'Maar ik heet eigenlijk Leon.'

'Nou Leon, waar drinken we op?'

Ze wilde haar glas al pakken, maar hij duwde haar hand subtiel weg.

'Nog even geduld.' Nu pakte hij een lucifer en stak de

klontjes aan. Er verscheen een kleine steekvlam, die hij meteen met spuitwater bluste. De gekarameliseerde suiker droop langzaam het drankje in en maakte de absint troebel.

'Zo, nu kunnen we. Op Gstaad.'

'Op Gstaad,' herhaalde ze en nam een slok. De bittere anijssmaak brandde in haar keel. Als Leon er niet zo'n show van had gemaakt had ze het direct uitgespuugd. 'En op mevrouw Puiset.'

Hij keek haar van onder zijn zware wenkbrauwen onderzoekend aan. 'Kende u haar?'

'Niet echt. Ik heb haar gisteren voor het eerst ontmoet. Maar het is een tragische gebeurtenis.'

'Tragisch ja.' Stoïcijns dronk Leon in één keer zijn glas leeg. De scherpe alcohol leek hem niet te raken. 'Maar niet onverwacht.'

'Nee?'

'Nee.'

'Waarom niet?' vroeg ze.

Leon antwoordde niet, maar schonk zichzelf bij en hield de fles ook boven haar glas. Puck knikte en vroeg zich af hoeveel ze nog van deze bocht moest drinken voordat hij de dingen zou vertellen die hij eigenlijk niet kwijt wilde.

'Waarom heeft de moord je niet verrast?' vroeg ze opnieuw.

Hij staarde in de gifgroene drank. 'Er zijn dingen gebeurd.'

'Wat voor dingen?'

‘Dat zal wel blijken.’

‘Wanneer zal dat blijken?’ Ze dronk nu ook haar glas leeg en hield hem direct omhoog voor meer. ‘Heb je met de politie gesproken?’

Nu deinsde hij iets terug. ‘Nee, hoezo? Ik weet van niets.’

‘Niets gehoord. Ook niet in zo’n klein dorp?’

Hij antwoordde niet, maar schoof een schaaltje nootjes naar voren. ‘Wilt u?’

‘Nee, dank je, ik ben allergisch.’ Ze schoof het schaaltje terug. ‘Heb je echt niets gehoord?’

Hij schudde zijn hoofd. ‘We zijn hier in de bergen erg op onszelf.’

Al die afleidingsmanoeuvres. Dit ging lang duren. Ze draaide de drank in haar glas rond en nam zonder op te kijken weer een slok. Met moeite kon ze een golf misselijkheid onderdrukken. ‘Dat begrijp ik. Je hoeft het ook niet te vertellen. Maar ik ken haar zoon. Haar dood heeft me daarom geraakt.’

‘Matz?’ Hij trok een wenkbrauw op. ‘Is hij een vriend?’

Ze had het gevoel dat ze zich moest verdedigen, maar besloot het neutraal te houden. ‘We hebben elkaar ontmoet toen we studenten waren. Zo’n twintig jaar geleden. Ik kwam hem hier toevallig weer tegen. Ken je hem goed?’

Leon schudde zijn hoofd. ‘Gelukkig niet.’

‘Waarom niet? Het is toch een vrolijke vent.’

Leon kneep zijn ogen samen. ‘Vrolijk… zo zou je het ook kunnen omschrijven. Maar hier in het dorp hadden we hem gelukkig al lang niet meer gezien.’

‘Kwam hij nooit bij zijn moeder op bezoek?’

‘Misschien, geen idee,’ zei Leon zonder op te kijken. Daarna dronk hij zijn glas leeg, veegde de bar schoon en zette de fles absint terug in de drankkast. ‘Helaas, ik moet sluiten. Morgen schijnt het slecht weer te worden. We kunnen dan maar beter uitgerust zijn. Het is al twaalf uur.’

‘Nou, dat is ineens snel gegaan.’ Puck keek verrast om zich heen, de bar was inderdaad al volkomen leeg. Ook de twee stellen waren verdwenen. Ze tekende de rekening, liet haar glas halfvol staan en pakte haar mobiel van de bar. Nu pas zag ze dat het nog niet eens half twaalf was. Ze keek Leon aan, die haar blik met een onbewogen gezicht beantwoordde. Net te lang. Hij leek te weten dat ze doorhad dat hij over de tijd had gelogen. ‘Misschien moet ik Matz zelf maar vragen hoe het met hem gaat.’

‘Misschien ja.’ Leon draaide de lichten achter de bar uit en deed de kasten op slot. ‘Hoewel dat lastig kan zijn.’

‘Omdat hij in de rouw is?’

‘Nee, omdat hij gearresteerd is.’

‘Wat?’

‘Ja, vanmiddag. Voor de moord op zijn moeder.’

12

Een telefoon rinkelde, pal naast haar hoofd. Tastend in het donker vond ze hem op haar nachtkastje.

'Ja?' Haar stem kraakte van de slaap. Hoe laat was het in vredesnaam? '*Wer ist das*?'

'Puck?'

'Ja.'

'Gelukkig, sorry dat ik je stoor...'

Ze schoot omhoog. 'Matz? Ben jij dat?'

'Ja, ik sta beneden bij de receptie en...'

'Beneden?' onderbrak ze hem weer. 'Ben je dan vrij?'

'Wat bedoel je? Natuurlijk ben ik vrij, maar ik moet je spreken. Mag ik bovenkomen?'

Haar hoofd voelde zwaar. 'Hoe laat is het dan?'

'Bijna acht uur. Kamer 14 is het toch?'

Puck knipte het bedlampje aan en scande de kamer. Haar spijkerbroek lag verfrommeld naast haar bed. Haar sneeuwlaarzen had ze onder het bureautje uitgeschopt. Ondanks de absint viel de schade van gisteravond mee. 'Geef me tien minuten.'

Snel greep ze haar spijkerbroek en trui, deed haar haren in een knot, schoof de gordijnen open en net op het moment dat ze haar vieze kleren onder in de kast gooide, werd er op de deur geklopt. Toen ze opendeed zag ze alleen een papieren zak die Matz vlak voor zijn gezicht hield.

'Warme croissants, je hebt vast nog niet ontbeten.'

'Nee, ik sliep nog... maar bedankt.' Ze liet hem binnen en ging op het bed zitten. Het voelde prettiger wat afstand van hem te houden. 'Gecondoleerd met je moeder. Wat ontzettend verdrietig.'

Matz stond naast het bureau, met zijn rug naar haar toe. Hij had zijn jas nog aan. 'Het is... weet je... ik kan het niet geloven. Zomaar...'

'Ja, wat ontzettend heftig voor jullie.'

Hij boog zijn hoofd, alsof het bijna te zwaar was om te kunnen dragen. 'Echt niet te bevatten. Eerst ons gezellige diner... en nu is ze dood. Ineens helemaal weg.'

'Weet je, het klinkt misschien gek, maar ik geloof dat ze er nog wel is. Haar ziel. Althans, nog even.'

'Denk je?' vroeg hij zo zacht dat ze het bijna niet verstond.

'Ja, je ziet het in bijna alle religies. De eerste rouwtijd duurt veertig dagen, daarna gaan ze pas echt weg, de doden. Ze blijven eerst nog even, om te waken over de achterblijvers.'

'Mooi, dat idee van waken.' Hij staarde uit het raam. Zijn schouders hingen lager dan normaal. 'Ik zou willen dat het waar was.'

Ze wachtte tot hij meer zou zeggen, maar het bleef stil.

'Weet de politie al iets?' vroeg ze en meteen was ze bang dat ze te direct was geweest.

Matz draaide zich langzaam om, zijn ogen nog rood van de tranen. 'Nee, ze hebben geen idee. En heel irritant, nog geen uur na de identificatie kwamen ze me al ophalen. Ze hebben me twee uur lang ondervraagd, alsof ik een verdachte was.'

'Serieus?'

Hij knikte en gaf haar de zak aan. 'Er zit ook een koffie in. Zwart toch?'

Puck viste de kartonnen beker eruit en nam een slok. Dit was niet het moment om te vertellen dat ze nooit van koffie had gehouden. 'Wat wilden ze weten?'

'Alles. Over mijn werk, huis, relaties.' Matz deed zijn jas uit, draaide de bureaustoel om en ging zitten. Zijn hoofd rustte op zijn handen. 'Het was echt heel vreemd. Veel wisten ze ook al, alsof ze mij hadden verwacht.'

'Dat is heel raar. En Nicole en Simon? Hebben ze hen ook verhoord?'

'Allebei ja, maar minder lang. Een half uurtje of zo.'

'Hebben ze zelf ook nog iets gezegd? Over een mogelijke verdachte?' Ze wilde nog veel meer vragen, maar ze schatte in dat doseren beter was. Ze bood hem een stuk van haar croissant aan, dat hij gedachteloos aanpakte.

'Nee, alleen dat het bos tijdens de moord uitgestorven was. En dat sporen moeilijk veilig te stellen zijn door de verse sneeuw.'

‘Dat is lastig ja. Hebben ze je nog lang vastgehouden?’

‘Vastgehouden?’

‘Ik hoorde hier dat je was gearresteerd.’

Hij sprong op. ‘Echt? Zeggen ze dat? Wat is het toch een kleinzielig dorp.’

‘Dus het is niet waar?’

‘Nee, natuurlijk niet. Allemaal suf geroddel. Ik zou haar toch nooit iets aandoen. Ze is verdomme mijn móéder. Nou ja, was. Ze wás mijn moeder.’

‘Natuurlijk, en een heel bijzondere.’ Ze dacht aan de heldere ogen die recht bij haar naar binnen hadden gekeken. ‘Ik wist trouwens niets van haar. Of van je zus. Of zelfs van jullie kostschool. Je hebt nooit iets verteld.’

‘Nee, dat is niet iets wat je tijdens een zwoele zomer met elkaar deelt. Toch? Ik weet ook niet precies wat jouw moeder doet. Was ze nou kunstenaar?’

‘Wás, ja. Ze was beeldhouwer.’

Ineens boog Matz zich naar voren en terwijl hij haar recht aankeek, pakte hij haar handen. ‘Puckie, je moet me helpen.’

‘Natuurlijk,’ zei ze vriendelijk, luchtig bijna, en ze keek toen weg. Die blik, die warme handen. Het voelde te vertrouwd. Te dichtbij. ‘Zeg maar wat ik kan doen.’

‘Je bent een goede journalist.’

‘Nou, ik probeer het wel, maar…’

‘Nee, geen valse bescheidenheid nu.’ Zijn linkeroog trilde. Hij leek gespannen. ‘Zo’n prijs krijg je niet voor niets. Jij kunt vast goed onderzoeken, je in een zaak vastbijten als een terriër.’

Hoewel ze die omschrijving helemaal niet bij zichzelf vond passen, ging ze niet in discussie. Ze wilde hem echt graag helpen. 'Oké, vertel, waar gaat het over?'

Matz stond weer op en begon al ijsberend door de kamer uit te leggen wat er speelde. Dat hij het gevoel had dat ze hem wilden framen voor de moord op zijn moeder. En dat het te veel zou opvallen als hij zelf ging zoeken naar ontlastend bewijs. Het zou alleen maar bevestigen dat hij er wel iets mee te maken had. Dat het daarom zou helpen als zij dàt deed. Als journalist kon ze onopvallend rondvragen. 'En niemand weet hier dat we elkaar kennen.'

Er is wel iemand die het weet, dacht ze, maar in plaats daarvan vroeg ze: 'Wie zou jou nou willen framen?'

'De politie natuurlijk!' Hij keek haar onderzoekend aan, alsof hij alweer spijt had haar gevraagd te hebben. 'Die willen dit binnen een paar dagen opgelost hebben.'

'Waarom denk je dat?'

'Kom op Puck... Wat is het hier trouwens warm.' Matz deed de balkondeur open en bleef in de opening staan. Nu pas zag ze het zweet op zijn voorhoofd. Buiten sneeuwde het, de kou stroomde meteen de kamer in. 'Het lijkt me toch wel duidelijk. De moord is een schande voor Gstaad. Ze willen hier rust. Anders komen er geen rijke gasten meer. Als de moord slechts een familiedingetje is, dan hebben ze hier officieel geen veiligheidsprobleem.'

Puck trok het dekbed iets over zich heen, het werd snel koud in de kamer. 'Oké, stel dat dat waar is. Waarom richten ze zich dan op jou? En niet op Simon of je zus?'

'Die zijn netjes.'

'Wat bedoel je?'

'Jezus Puck, dat moet je toch ook zijn opgevallen? Mijn familie is zo keurig dat zelfs ik een grote rebel lijk. Dit conservatieve dorp houdt niet van dwarsdenkers. Of van vage kunstenaars.'

'Maar wat zou dan volgens hen jouw motief zijn?'

Hij haalde zijn schouders op. 'Ik hoop dat jij dat kunt uitzoeken.'

'Ik ben eigenlijk al begonnen.'

'O?'

'Ja, ik wilde al een achtergrondartikel schrijven. Over de school en je moeder.'

'Oké, vertel.' Hij ging weer zitten. 'Wie in Leiden zou daar nou in vredesnaam in geïnteresseerd zijn?'

Misschien bedoelde hij het niet als een sneer, maar zo kwam het wel binnen. Ze trok haar benen op. 'Mijn chef wil het verhaal landelijk aanbieden. Je moeder was een kleurrijke vrouw. En Nederlands.'

Matz schoot in de lach. 'Laat het haar niet horen. Ze wilde vergeten dat ze in Amsterdam was geboren. Ze voelde zich Europeaan. Absoluut geen Nederlandse.'

'Waarom is ze eigenlijk ooit hierheen verhuisd?'

'Gaan we meteen beginnen? Heel goed, nou, ze…' Zijn mobiel ging. 'Ja Simon… Nu? Is goed, ik kom. Tot zo.'

Direct stond hij op. 'Sorry Puckie, maar ik moet gaan. De begrafenisondernemer is er. Maar ik bel je later vandaag, dan praten we verder.'

'Dan ga ik ondertussen meteen maar aan het werk,' zei ze toen ze met enige moeite ook opstond. Haar schouder voelde nog steeds stijf. 'Heb je misschien een tip waar ik moet beginnen? Of een vermoeden wie het wel zou kunnen zijn? Had je moeder vijanden?'

Hij schudde zijn hoofd. 'Dat lijkt me sterk, je moet maar gewoon een beetje rondvragen. Misschien heeft iemand wel iets gehoord. Het zou zomaar kunnen.'

'Ik krijg wel de indruk dat mensen hier in het dorp niet zo makkelijk praten.'

'Goh, denk je?' Hij lachte weer en pakte Gellhorns boek van het bureau. 'Jeetje, *The Face of War*. Lees je dit? Dat is vijftig jaar oud!'

'Tja, wat zal ik zeggen... Ik heb een lichte Gellhorn-obsessie.'

Hij las snel de achterflap. 'Nou, als je net zo schrijft als zij...'

'Ik ga het proberen.' Ze gaf hem nog een stuk croissant. 'En maak je geen zorgen hè. Als mensen hier toch iets weten, dan kom ik er zeker achter.'

'Weet ik toch. Daarom heb ik het je ook gevraagd,' zei hij terwijl hij richting de gang liep. Bij de deur draaide hij zich om. 'Trouwens, mijn moeder kwam hier voor de liefde. Is dat niet wat ons allemaal drijft?'

13

Die ochtend was Puck in de goedkoopste skiwinkel in het dorp op zoek gegaan naar de goedkoopste warme jas, maar ze was niet geslaagd. Onder de zeshonderd euro was hier geen jas te krijgen. Uiteindelijk had ze een felrood donzen jack mogen lenen van het hotel, uit de kast vol achtergelaten bagage. Deze jas paste haar het best, ook al rook hij nog naar een zware, muskusachtige parfum en zaten er wat vergeten roebels in een zak. Zo'n geleende jas had iets armoedigs, maar ze was er toch blij mee. Vandaag was het nog kouder geworden. Een poolachtige wind had de temperatuur ver onder nul geduwd. Zelfs met het waterige zonnetje werd het niet warmer dan min acht.

Ze ritste de jas zo hoog mogelijk dicht en draaide haar sjaal twee keer om haar hals. De straat was verlaten. De laatste toeristen waren vanochtend vroeg al vertrokken. Deels vanwege de afgekondigde rouw, maar vooral ook uit vrees voor een megasneeuwstorm die zich mogelijk ergens boven de Balkan aan het ontwikkelen was. De inwoners van het dorp leken er zelf niet zo bang voor te zijn. Terwijl ze in de winkel had staan passen, had ze de winkeleigenaar aan de andere kant van het gordijntje zijn personeel horen uitleggen dat de storm vooral een mediahype was. 'Van een metertje sneeuw worden wij hier natuurlijk niet bang.'

Ook de leerlingen van de kostschool hadden zich door de voorspellingen niet laten afschrikken, verzekerde de winkelier haar terwijl ze de Dior-jas terughing. Zij zouden aan het eind van de dag met de trein vanuit Genève arriveren, om morgen de herdenkingsdienst van mevrouw Puiset bij te kunnen wonen. Uit zijn enthousiasme had ze kunnen afleiden dat hij zich op hun klandizie verheugde. Hij vertelde dat vooral de Arabische leerlingen geregeld door de ijzige kou werden verrast en dan met de creditcards van hun ouders uitgebreid bij hem kwamen inslaan. Maar op het moment dat ze doorvroeg naar details over de school, sloeg hij dicht. Precies zoals ook de zure receptioniste van het hotel had gereageerd op haar vraag naar de sfeer op de kostschool. 'We houden de dingen hier graag privé.'

Nu was ze op weg naar Earlybeck, de bakkerij die al honderd jaar in het dorp zat. In een artikel van de *Financial Times* had ze gelezen dat de winkel vanaf de opening brood aan de kostschool had geleverd. En elke zaterdag brachten ze speciaal voor mevrouw Puiset de beroemde *Pavés de Gstaad*. Wellicht konden zij haar wel meer vertellen over deze mysterieuze vrouw en haar fameuze kostschool.

Een koebel rinkelde luid toen ze de deur van de lange, smalle winkel opende. Ze wachtte even, maar niemand verscheen. Met een bescheiden tikje sloeg ze op een bel op de toonbank, waarna van achter de klapdeuren een jongen tevoorschijn kwam. Hij had een wit-blauw geblokt bakkersschort aan dat onder de bloem zat. Pas toen hij haar aankeek zag ze dat hij niet ouder dan vijftien kon zijn.

'Wat kan ik voor u doen?' vroeg hij in gebrekkig Engels en zijn stem sloeg over.

Ze bestelde twee ons van de pavés, terwijl ze niet wist wat het waren. Geroutineerd pakte hij stevige blokjes donkere chocolade uit de vitrine.

'210 gram, is dat oké?' vroeg hij zonder haar aan te kijken.

Ze knikte. 'Het is wel heel rustig vandaag hè?'

'Helemaal niet.' Woest schudde hij zijn hoofd. 'We hebben het juist heel druk. Papa en mama hebben de hele nacht doorgewerkt.'

'Vanwege de dienst morgen?' vroeg ze toen ze het zakje aanpakte. 'Verwacht de familie Puiset veel bezoekers?'

De jongen leek even verrast dat ze wist waar het over ging, maar vertelde daarna dat ze de herdenking klein zouden houden, hooguit tachtig gasten, maar dat er wel een uitgebreide koffie met veel zoetigheden zou worden geserveerd. 'Daar hield mevrouw zoveel van.'

'Verdrietig hoor, wat er is gebeurd,' zei ze.

Hij knikte en gaf haar zwijgend het pinapparaat. Ze probeerde niet te knipperen toen ze zag dat ze bijna 17 euro moest afrekenen. 'Zeg, zijn je ouders misschien beschikbaar? Ik wilde ze nog wat vragen.'

'Zal even kijken,' mompelde de jongen binnensmonds en hij liep meteen weg.

Nog geen twee seconden later stak een lange man met rode wangen zijn hoofd door de klapdeuren. 'Ja?'

'Sorry dat ik stoor,' begon ze voorzichtig, terwijl ze op de man afliep. 'Ik weet hoe druk u het hebt, maar ik wilde u wat vragen, ik ben journalist van een Nederlands...'

'Nu? Een interview?' onderbrak de man haar ongeduldig. 'Nee, dat is echt onmogelijk.'

Hij wilde zich alweer omdraaien, toen een jongere vrouw zich langs hem wurmde. Ze sloeg haar armen over elkaar. 'Nou, ik heb anders wel even hoor. Wat wilt u weten?'

Direct verdween de man weer in de keuken. De jonge vrouw, met een hoge bakkersmuts op en zelf ook onder de bloem, keek haar onderzoekend aan. 'Gaat het over Gstaad? Of over de moord?'

'Beide eigenlijk,' reageerde Puck wat bedeesd, even verrast door de directe vraag, maar ze schakelde meteen over naar haar zakelijke modus. 'Niemand lijkt te begrijpen waarom mevrouw Puiset is vermoord.'

'Ha, gelooft u dat zelf?'

'Ik weet niet wat ik moet geloven.'

'Nou, in ieder geval niet dat het dorp in diepe rouw is.'

'O? Ik kreeg een ander beeld.' Ze pakte haar notitieblokje uit haar tas. 'Wat is hier dan wel het sentiment?'

'Gaat u dat allemaal opschrijven?'

'Bij voorkeur wel, maar het kan ook anoniem.'

De vrouw trok haar schort recht. 'Nee, schrijf maar op, Lisl Oehrli met een h, is niet rouwig om de dood van mevrouw Puiset. En...'

'Lisl,' klonk de zware stem vanuit de bakkerij. 'Dat kun je niet maken.'

'Dat kan ik wel degelijk pap!' riep ze terug en ze boog zich wat naar voren. 'Sorry, maar mijn vader is nog van de oude garde die de familie Puiset als heiligen beschouwt. Nou, ik niet. Ik weet uit welk hout ze zijn gesneden en het wordt de hoogste tijd dat de rest van de wereld dat ook te horen krijgt.'

'Wat zouden ze precies te horen moeten krijgen?' vroeg Puck zo achteloos mogelijk, maar ze voelde de opwinding in haar buik.

'Wij leveren al jaren brood aan de school. Mijn ouders, grootouders zelfs, stonden altijd voor ze klaar, soms tot diep in de nacht. Net als nu. En nog nooit, echt nog nooit, kregen we een bedankje, of een klein extraatje. Of gewoon eens een aardig woord. Niets, echt gewoon niets.'

Puck knikte en wist dat ze niets meer hoefde te vragen. Deze vrouw wilde haar verhaal kwijt. Ze hoefde alleen maar aandachtig te luisteren. 'Dat lijkt me moeilijk.'

'Moeilijk? Extreem lomp! Onbeschoft, zou je bedoelen. Het enige wat voor mevrouw telde, was de reputatie van de school. Daar had ze alles voor over. Wij hebben het beste brood, daarom wilde ze ons hebben, maar ze had in ons als mens nul interesse. Niets, nada, niente. Het was de school voor, de school na. Zelfs belangrijker dan haar familie.'

'O? Echt?'

'Ja, dat heb ik gehoord. Mijn moeder vond het vreselijk om te zien. Die kinderen van haar kwamen altijd op de tweede plaats. De prinsen en prinsessen van de wereld waren duizend keer belangrijker.'

'Nou, dat lijkt me sterk, een moeder...'

'Een moeder?' brieste Lisl nu bijna. Haar wangen waren rood van agitatie. 'Dat is te veel eer. Ze is nooit een echte moeder geweest. Althans niet voor haar eigen kinderen.'

'Genoeg!' klonk het weer uit de bakkerij. 'Lisl, stop met dat geroddel.'

Even leek Lisl te twijfelen of ze door zou gaan, toen kwam ze toch nog wat dichterbij staan en fluisterde. 'Waarom denk je dat die twee kinderen van haar in het buitenland wonen?'

Puck haalde haar schouders op. 'Betere carrièremogelijkheden?'

'Nee, natuurlijk niet! Ze zijn hier weggevlucht. Net nadat veel Russische leerlingen hier op school waren aangekomen. Toen ging het hier volledig mis en...'

De koebel klonk opnieuw en door een koude tocht voelde Puck dat de winkeldeur werd geopend. Ze keek niet om maar zag aan Lisl's gezicht dat ze niet verder kon praten.

'Kan ik u helpen?' vroeg Lisl gehaast.

Maar de klant reageerde niet. Puck draaide zich om. Bij de deur stond een man zwijgend naar hen te kijken. Hij was zo dik ingepakt met een donkere bontmuts met oorkleppen dat ze hem niet meteen herkende. Pas toen hij zijn sjaal afdeed, zag ze het.

'Jij! Ik wist het,' riep ze uit. 'Je bent het wel.'

Haar buurman leek van haar kreet te schrikken, draaide zich abrupt om en rende de winkel uit.

14

'Wacht,' riep Puck hem na, maar natuurlijk reageerde hij niet. Ze bedankte Lisl haastig en holde achter hem aan de winkel uit. In haar ooghoek zag ze hem links de straat op rennen.

'Hé, buurman!' Ondanks zijn gezette postuur maakte hij zich razendsnel uit de voeten. Ze had moeite hem bij te houden. 'Lafaard, blijf staan!'

Via een stoepje probeerde ze een bocht af te snijden, maar struikelde en viel voorover in een hoop sneeuw met stenen. Haar knieën brandden en met moeite kwam ze overeind. Nu was de kleine man nog kleiner geworden. Niet meer dan een vage schim aan het eind van de straat. Ze kon hem onmogelijk nog inhalen. Ze keek om zich heen, er was ook niemand op straat die haar even kon helpen. Om hem bijvoorbeeld tegen te houden, zodat zij.... Ja, wat eigenlijk? Wat wilde ze met hem doen? Wat wilde ze hem nu zeggen?

In de verte zag ze hem nog net een hoek omrennen en begon zelf ook weer te hollen. Ze wilde hem nu niet meer uit het oog verliezen. Ze moest weten waarom hij hier was. Misschien was het inderdaad alleen maar toeval, maar dan nog, ze wilde weten wat hij juist nu hier in Gstaad deed. Toen ze ook de hoek omsloeg eindigde ze in een smalle, doodlopende steeg, die volkomen verlaten was. De man was opnieuw in het niets verdwenen. Hij had zelfs geen voetstappen in de verse sneeuw achtergelaten. Waar kon die vent in godsnaam zijn gebleven? Als hij hier al was geweest.

Puck keek om zich heen, op zoek naar ontsnappingsmogelijkheden. Behalve een deur die met een groot hangslot aan de buitenkant was afgesloten, was er geen mogelijkheid te verdwijnen. Maar dat slot had hij onmogelijk in zo'n korte tijd kunnen openbreken. Of zou hij over de schutting zijn gesprongen? Maar dan had hij toch sporen hebben moeten achtergelaten?

'Hallo, buurman, bent u daar?' riep ze terwijl ze geen antwoord meer verwachtte. Ze hoorde alleen haar eigen gehijg. Had ze het zich dan toch weer verbeeld? Maar ze had hem toch echt zien staan. En Lisl had hem ook echt aangesproken. Dat was toch echt gebeurd, ze had het zelf gehoord. Dat was de realiteit. Toch? Ze rilde. Dit verlaten, ijskoude dorp kroop onder haar huid.

Ineens hoorde ze geschuifel aan het begin van de steeg. Ze hield haar adem in. Stond hij nu plotseling achter haar?

'Mevrouw?'

Met een ruk draaide ze zich om. 'O… jij bent het.'

'Ja, mevrouw, excuses, ik wilde u niet laten schrikken…'

zei de jonge bakkerszoon die een stap naar voren deed. Hij hield een papieren zakje omhoog. 'Maar u was uw pavés vergeten.'

Ze schoot in de lach. Een hoge piepende toon. De jongen deinsde naar achteren.

'Sorry, ontzettend bedankt. Wat vreselijk aardig van je,' zei ze terwijl ze de chocolade aanpakte. 'Ik dacht iemand te herkennen, maar hij bleek het niet te zijn.'

'O, dat heb ik ook weleens gehad,' zei de jongen opgelucht. 'Bleek het een onbekend Frans meisje te zijn. Heel raar was dat.'

'Heel raar ja. Maar nu ik je toch even spreek, wil ik je graag nog wat vragen.' Ze bood hem een brokje chocolade uit het zakje aan, dat hij direct weigerde. 'Heb je misschien het nummer van Lisl voor mij? We hadden ons gesprek nog niet afgerond.'

'Het nummer van mijn zus?' Hij schudde zijn hoofd en deed een stap naar achter. 'Toch niet om verder over de kostschool te praten? Mijn vader is woedend op haar geworden. Om wat Lisl al tegen u heeft gezegd.'

'Nee hoor,' loog ze en ze voelde zich meteen rot. Ze haatte het om mensen te manipuleren, zeker als ze zo jong waren, al wist ze dat je dat als journalist soms moest doen. 'Ik wilde alleen even vragen of zij misschien de man herkende in de winkel. Die ik dus ook dacht te herkennen.'

De jongen keek naar zijn laarzen, die bijna geheel in de sneeuw waren verdwenen. 'Ik denk dat u het beste morgenmiddag terug kunt komen. We hebben de winkel gesloten. Het is te druk. Vanwege de dienst.'

'Begrijp ik, dan doe ik dat.' Het was duidelijk dat het joch het nummer van zijn zus niet aan een wildvreemde vrouw ging geven. Ze kon hem geen ongelijk geven. 'Succes hè, met de voorbereidingen.'

De jongen knikte en slofte de steeg uit. Een ijskoude tocht gleed langs haar nek. Ze sloeg haar sjaal strakker om haar hals en besloot terug te keren naar het hotel. Om op te warmen. Maar vooral om te kijken of ze iets kon vinden over de connectie tussen Rusland en de kostschool. Lisl had er nogal opzichtig op gehint.

Voordat ze de steeg uit liep, keek ze toch nog een keer achterom. Wie het ook geweest was, hij was in het luchtledige verdwenen. Hoe onbegrijpelijk ook.

15

In het hotel was het ineens veel drukker dan de voorgaande dag. De hal was gevuld met stapels koffers en tientallen arriverende gasten. Bijna allemaal waren ze op leeftijd. Keurig grijs gekapte haren en lange bontjassen. Sommige Aziatische gasten droegen mondkapjes, de meesten stonden dicht op elkaar geanimeerd te praten. Puck schatte in dat de meerderheid oude bekenden van elkaar waren. Ze leken veel te bespreken te hebben.

Terwijl ze zigzaggend langs alle mensen de trap probeerde te bereiken, riep de receptioniste haar plotseling.

'Mevrouw Vonhouten,' klonk haar stem gedecideerd over het geroezemoes heen. 'Mevrouw, ik heb iets voor u.'

Direct liep Puck terug naar de balie, waar de receptioniste haar een enveloppe toeschoof. 'Deze is vanochtend voor u gebracht.'

Ze pakte de grijze, dunne enveloppe aan. 'Weet u ook door wie?'

De vrouw die nog norser keek dan die ochtend, haalde

haar schouders op. ‘Hij lag in de brievenbus.’

‘Typisch, maar dank u wel. Trouwens, zijn dit de genodigden voor de dienst van mevrouw Puiset?’ Ze wees naar de volle hal. ‘Ik begreep dat de leerlingen van de school ook vanmiddag arriveren.’

Meteen verscheen bij de receptioniste weer de defensieve, quasi-ongeïnteresseerde blik in haar ogen. ‘Dat zou kunnen, dat weet ik verder niet. Onze gasten geven geen reden voor hun verblijf. En wij geven ook geen informatie. Zeker niet aan de pers.’

De laatste woorden had ze met zoveel afschuw uitgesproken dat Puck wist dat doorvragen geen zin had. Zou Ben haar hebben verteld dat ze journalist was? Het lag voor de hand, maar dat was niet netjes van hem geweest.

‘Nou, nogmaals bedankt dan maar,’ zei ze en ze pakte de *Blick am Abend* van de balie.

Terwijl ze de trap op liep zocht ze achterin naar het lokale weerbericht, dat altijd degelijker was dan die van de commerciële weerapps. Op het kaartje kon ze zien dat er inderdaad een depressie boven de Balkan hing, maar ze las dat deze waarschijnlijk verder richting Rusland zou drijven en Zwitserland ongemoeid zou laten. Alleen als de wind ineens naar het oosten zou draaien, kon er een gevaarlijke situatie ontstaan, door een unieke combinatie van veel sneeuwval, ijzige temperaturen en hoge windsnelheden. Maar de conclusie van het stukje was dat de kans daarop niet meer dan tien procent was. De leerlingen konden dus straks zonder problemen met de trein het dorp bereiken, bedacht ze toen ze de sleutelkaart voor het slot hield.

Binnen in haar kamer voelde het behalve opgeruimd ook anders. Alsof ze de verkeerde ruimte was binnengestapt. Ze herkende wel haar – nu keurig gevouwen – kleren over de stoel en ze zag dat haar laptop midden op het bureau stond – die had ze toch in de la gedaan? – maar toch miste er iets. Pas toen ze het lege nachtkastje zag, wist ze wat er ontbrak: Martha Gellhorns boek. Ook in de badkamer, klerenkast, lades en onder het bed lag het niet. Toch wist ze zeker dat ze het in de kamer had achtergelaten. Wie zou nou in zo'n stoffig ding geïnteresseerd zijn?

Ze belde de receptioniste om het verlies van haar boek door te geven, die zoals verwacht minachtend reageerde: 'Dat lijkt me volstrekt ondenkbaar.' Daarna kleedde Puck zich uit, waste haar geschaafde knieën onder de hete douche en trok de dikke hotelbadjas aan. Met opgetrokken knieën ging ze op bed zitten, legde de laptop op schoot en zag toen pas dat Ernest haar een paar keer had gebeld. Meteen belde ze terug. Hij klonk oprecht opgelucht haar stem te horen.

'Wat was je nou in vredesnaam aan het doen?' vroeg hij.

Ze legde uit dat ze bijna was bevroren en een hete douche nodig had gehad om op te warmen.

'Je werkt toch nog wel?'

'Ernest... wat ben je toch goed van vertrouwen. Not. Natuurlijk werk ik hard. Dit verhaal blijkt steeds meer tentakels te hebben. Heel boeiend allemaal. Wist je trouwens dat Hemingway ook over Gstaad heeft geschreven?'

'Dat is waar ook,' reageerde haar chef bijna kirrend. 'In *A Farewell to Arms*, dat is het dorpje waar zijn geliefde Catherine overlijdt.'

Terwijl Ernest uitgebreid verslag deed van Hemingways verblijf in Zwitserland herinnerde Puck zich opeens weer dat de enveloppe nog in haar tas zat. Freek had gelijk, haar geheugen was toch niet altijd even scherp. Misschien was het dus ook waar dat ze overal haar buurman zag, hem herkende in gewone mannen die niets met hem te maken hadden. Dan had ze dus een onschuldige klant in de bakkerij met haar woeste achtervolging onnodig de stuipen op het lijf gejaagd.

'Puck, hoor je wel wat ik zeg?' vroeg Ernest ineens harder.

Eigenlijk had ze volkomen gemist welke kant het gesprek was opgegaan, dus begon ze maar als afleiding te vertellen over de zwijgcultuur die in het dorp leek te hangen. 'Wie ik ook spreek, niemand is bereid informatie over de kostschool of Cecile Puiset te geven.'

'Hoe ga je het dan nu verder aanpakken?'

Ze deed haar plan uit de doeken om de leerlingen die over een paar uur zouden arriveren achteloos te gaan interviewen. 'Er is hier vast een bar waar ze samenkomen, dan schuif ik gewoon met een biertje bij ze aan.'

'Eh... "gewoon"? Dat lijkt me toch niet zo gemakkelijk. Kun je niet beter...'

'Ernest, ik weet wat ik doe,' brak ze hem bot af. Ze wilde die enveloppe openen.

Even was het stil en Puck dacht dat ze haar chef hoorde zuchten, maar hij zei vriendelijk dat hij geen seconde aan haar talent twijfelde en dat hij wist dat alles goed zou komen.

'Dank je en ik laat morgen weer wat van me horen,' beeindigde ze het gesprek snel en viste direct de enveloppe uit haar tas. Opnieuw viel het haar op hoe dun hij was en toen ze hem met haar sleutel openscheurde was ze dan ook niet verbaasd dat hij leeg bleek te zijn.

In het licht van het bedlampje bekeek ze het getypte etiket, dat haar het gevoel gaf dat het een zakelijke brief was. Ze hadden haar initialen correct opgenomen, ook de L. van Louise, maar Van Houten was op zijn Duits aan elkaar geschreven. Wat was dit?

Net toen ze had besloten dat het vast om een raar misverstand ging, zag ze geschreven letters door het etiket schemeren. Voorzichtig peuterde ze met haar nagels het stickertje los en zag een met potlood geschreven naam en mobiel nummer verschijnen met daaronder: *Informationen anfordern*. Meteen belde ze het nummer.

'Ja, Mia hier,' klonk een gehaaste stem. Op de achtergrond galmden stemmen.

'Hallo, je spreekt met Puck en...'

'Je wilde meer weten over Le Puiset?'

'Hoe weet u dat?'

'Vanmiddag vier uur, Eagle Ski Club,' fluisterde de vrouw en ze hing direct op.

Puck staarde even naar haar telefoon alsof hij uit zichzelf nog meer informatie zou geven en tikte vervolgens onmiddellijk de afspraak in haar agenda. Al had ze geen idee wie Mia was, dit klonk belangrijk. Deze afspraak mocht ze echt niet vergeten. Alleen al de omslachtige manier van communiceren verraadde dat het geheim was. Ze voelde haar buik kriebelen. Nu ging het echt beginnen.

Om Freek niet ongerust te maken appte ze dat ze nog een paar dagen langer zou blijven. Dat ze lekker aan het werk was en dat ze zich beter voelde. 'Een psychiater... die komt later,' rijmde ze flauw. Dat ze dacht dat ze opnieuw haar buurman had gezien, liet ze achterwege. Daarna zocht ze op haar laptop de Eagle Ski Club op en zag dat het een privéclub was, met een wachtlijst van drie jaar. Het lidmaatschap kostte 45.000 euro per jaar en je moest door drie leden worden voorgedragen aan een ballotagecommissie. Hoe kon ze daar vanmiddag nou zo onopvallend mogelijk binnenkomen? Ze zocht naar namen van werknemers, maar ze vond alleen een soort trailer met scènes uit speelfilms die op de bijzondere locatie waren opgenomen. Ze zag Sophia Loren, Roger Moore en Peter Sellers op een houten terras voorbijkomen, maar het leverde verder weinig nuttige informatie op.

Opeens werd op haar deur gebonsd. Ze schoot omhoog en haar laptop viel op de grond.

'Wie is daar?'

'Puck, ben je daar?' Matz leek haar vanaf de gang te roepen. 'Please, doe open.'

Ze gleed uit bed en zag door het spiekgaatje dat hij inderdaad voor de deur stond. Zijn gezicht was rood en behuild. Zonder aarzelen deed ze voor hem open.

'Jeetje, kom binnen, gaat het wel?'

Zwijgend schopte Matz zijn sneeuwlaarzen uit, gooide zijn jas op haar bed en liet zich langs de muur naar beneden glijden. Zittend op zijn hurken begon hij weer te huilen. Ze schoof naast hem en sloeg een arm om hem heen. Hij voelde verhit, waarschijnlijk was hij ondanks zijn dikke winterkleren in één keer de lange trap op gerend.

'Ach lieverd.' Ze aaide troostend over zijn rug. Nog nooit had ze hem zo gezien. Hij leek kleiner, kwetsbaarder, alsof nu pas het besef kwam dat zijn moeder echt was overleden. 'Het is ook zo heftig allemaal.'

Zwijgend zaten ze bij elkaar. Zijn warmte straalde tegen haar huid. Langzaam werd zijn ademhaling rustiger en begon hij te praten. Eerst klonk het nog onsamenhangend. Hij begon over zijn stiefvader Simon die totaal de kluts kwijt was, de begrafenisondernemer die alleen maar riep dat hun wensen niet mogelijk waren, de bakker die niet alles af had, de leerlingen die misschien te laat zouden komen en de politie die zijn moeders lichaam niet vrij wilde geven. Daarna leek hij zichzelf bij elkaar te rapen en vertelde hij hoe het voelde om nu wees te zijn en dat hij steun zocht bij Nicole, maar dat zij er niet voor open stond.

'Het ergste zijn nog onze discussies. Zij wil veel gekleurde bloemen, ik alleen witte lelies. Zij wil geen muziek, ik juist wel. We zijn het verdomme nergens over eens,' zei hij en wreef over zijn gezicht. 'Je hoort weleens dat kinderen die beide ouders hebben verloren, meteen beginnen te ruziën. Nou, dat blijkt dus waar.'

'Dat zou kunnen,' reageerde Puck zo neutraal mogelijk. Ze kon zich volledig voorstellen dat hij met zijn opgedirkte zus in de clinch zou liggen. Maar ze wist ook dat je je nooit in een familieconflict moest mengen. 'Jullie zijn allebei gespannen. Het is niet bepaald een normale situatie.'

'Je hebt geen idee. Weet je, het zou me niet eens verbazen als Nicole vertrekt.'

'Wat? Nu?'

Hij knikte en keek haar nu recht aan. 'Ja, ze roept de hele tijd dat ze het allemaal te emotioneel vindt. Dat ze niet weet of ze de dienst morgen wel aankan. Haar psychiater in Londen schijnt gezegd te hebben dat ze tegen een zenuwinzinking aan zit.'

'Serieus?'

Hij knikte weer maar voordat ze nog meer vragen kon stellen, legde hij ineens twee vingers op haar mond. En terwijl hij haar strak bleef aankijken, masseerde hij zacht haar lippen.

'Sorry Puck,' zei hij met schorre stem. 'Maar je bent nog steeds zo mooi. Ik kan het niet laten.'

Onmiddellijk trok ze zich terug. De intimiteit voelde ongepast.

Hij merkte haar ingetogen reactie op, maar fluisterde in haar nek. 'Troost me lieverd. Please, hou me vast.'

Tintelingen kropen over haar rug en ze zag beelden van hun zomer voorbijschieten. Hun zwetende lichamen, een zwoele zomerbries, zijn heupen tegen die van haar. En toen, zonder verder na te denken, volgde ze met haar tong zijn vingers. Haar lippen werden vochtig en hij boog naar voren om haar te kussen. Zijn mond was warm en smaakte zoet.

'Moeten we dit wel doen?' fluisterde ze.

'Ja,' zei hij zacht, zijn stem klonk hees. Zijn vingers gleden nu langs haar nek en volgden de spieren naar haar borsten. 'Nu juist wel.'

Zijn zware lichaam, de geur van zijn haren en zijn handen die makkelijk weer hun weg vonden over haar borsten, buik en billen. Alles leek nog precies te kloppen. Verdorie, dit voelde zo goed. Tergend langzaam kroop hij nu over haar heen en trok traag haar trui uit. Zijn warme handen streelden haar borsten, gleden over haar buik naar beneden en met haar ogen dicht liet ze zich door hem meevoeren naar hoogtes die ze al lang niet meer had bereikt.

16

Het piepje van haar agenda klonk schel en ze schoot overeind. Ze lagen op het kleed in elkaars armen, haar badjas half over hen heen getrokken. De geur van seks hing nog in de kamer. Het was heerlijk geweest, maar nu voelde hun naaktheid op klaarlichte dag toch ongemakkelijk en Puck trok snel een T-shirt aan.

Matz kreunde. 'Niet weggaan.'

'Het is al drie uur. We zijn gewoon midden op de dag in slaap gevallen. Dat gebeurt me nooit.' Ze gaf een kus op Matz' voorhoofd.

'Nou en? Laten we nog even nagenieten.'

'Nee sorry, je moet er echt vandoor.' Ze trok ook haar trui aan. 'Ik heb zo een afspraak.'

Zonder zijn ogen te openen trok Matz haar dichter tegen zich aan. 'Nee, Puckie, blijf nog even. Het heeft zo goed geholpen. Het was zo knus.'

'Ja, het was fijn.' Ze kon het niet echt verklaren, misschien kwam het door zijn gedram, maar ze wilde ineens dat hij vertrok. 'Maar ik moet weer aan het werk en jij moet gaan.'

'Ah, nog één keertje,' zei hij terwijl hij zijn tong langs haar hals liet glijden. 'Even, heel snel.'

Ze duwde hem zachtjes van haar af. 'Je wilt toch ook dat ik een mooi verhaal schrijf? Ik moet toch voorkomen dat ze je weer gaan verdenken?'

'Dat is waar ook,' zei hij met een brede grijns en hij keek haar nu wel aan. 'Mijn redder in nood. Waar moet je zo meteen heen?'

Zonder op haar pijnlijke knieën te leunen krabbelde ze overeind. 'De Eagle Ski Club. Hoe kom ik daar eigenlijk?'

'Skiënd. Kun je dat een beetje?'

'Net genoeg, hoop ik.' Ze pakte een broek uit de kast. 'Ik moet er over een uurtje zijn.'

'Dan mag je inderdaad wel opschieten,' zei Matz terwijl hij opstond en zich eindelijk ook aankleedde. Nu pas zag Puck dat zijn billen nog steeds rond en stevig waren, maar zijn buik was dikker dan vroeger. Voor de rest had het na al die jaren verrassend vertrouwd gevoeld.

'Het restaurant ligt op een privéberg. Je kunt daar alleen met een privélift komen.'

'Serieus? Bestaat dat? Een privéberg?'

'Yep, de Wasserngrat. Alles bestaat in Gstaad. Als je maar betaalt.'

'Daar begin ik ook achter te komen.'

Ze verzamelde haar spullen, pakte haar tas en zag ineens Gellhorns boek weer op haar bureau liggen. Hoe kon dat? Had ze het serieus over het hoofd gezien? Was ze dan echt zo in de war geweest?

'Met wie heb je een afspraak?' vroeg Matz die zijn jas dichtknoopte.

Bijna verklapte ze Mia's naam, maar ze besefte net op tijd dat ze ook aan hem haar bronnen niet moest prijsgeven. 'Via via, iemand die meer over het dorp kan vertellen.'

Matz trok even zijn donkere wenkbrauwen op, maar vroeg gelukkig niet door. 'Wij moeten ook nog even praten hè. Over mijn familie. En de school natuurlijk.'

'Natuurlijk,' zei Puck, terwijl ze ook haar jas aandeed. 'Ik wil graag alles weten. Gaat het trouwens weer een beetje met je? Je was zo verdrietig.'

Hij grijnsde weer. 'Veel beter. Alsof ik net een medicijn heb geslikt.'

'Nou, gelukkig maar.' Ze voelde dat ze bloosde. 'Wanneer zien we elkaar weer? Vanavond zul je wel druk zijn. Misschien morgenmiddag, na het afscheid?'

Hij pakte haar schouders. 'Waarom kom je niet ook naar de dienst?'

'Is dat wel gepast? Ik kende je moeder niet eens.'

'Maar mij wel.' Matz hield zijn hoofd schuin, als een hond die om aandacht vroeg. 'Het zou veel voor me betekenen.'

En voor mij veel informatie opleveren, vulde ze in gedachten aan. 'Oké, ik kom natuurlijk als je dat graag wilt, maar dan ga ik wel helemaal achteraan zitten.'

'Prima.' Hij gaf haar een kus op haar voorhoofd. 'Als je er maar bent. Dat helpt al.'

Ze trok de deur achter zich dicht en terwijl ze op de gang doorpraatten over de dienst in de aula van de kostschool, hoorde ze vanuit een openstaande kamer flarden van het weerbericht op de achtergrond. Ze hoorde nog net dat de wind naar het oosten was gedraaid.

17

Twee keer was ze al uit de stoeltjeslift gegleden, maar nu hield ze zich extra stevig vast en lukte het haar wel om te blijven zitten. Samen met de vrouw naast haar trok ze de beugel naar beneden en zette ze haar ski's erop. Gelukkig zag ze dat er ook mensen met de lift naar beneden kwamen, dus ze hoefde straks niet via de rode piste naar beneden te skiën.

Ze leunde wat naar achter en liet de zon haar wangen opwarmen. Hoewel het nog steeds heel koud was, voelde het door de opvallende windstilte toch prettig in de lift. Het leek onvoorstelbaar dat het vannacht misschien zou gaan stormen. Alles leek nu zo vredig.

'Bent u niet zo'n skiër?'

Ze keek naar de vrouw naast haar. 'Was het zo duidelijk?'

'Ach, een beetje maar,' zei de vrouw met een licht Frans accent. Een brede glimlach vulde haar kleine gezicht. 'Maar u bent niet de enige hier hoor. De meeste mensen die naar Gstaad komen kunnen er niets van. Die hebben hier een ander doel.'

'U hebt er duidelijk ervaring mee.'

De vrouw knikte en legde uitvoerig uit dat ze in Château-d'Oex woonde, iets verderop in het dal en dat ze al jaren in de garderobe van de Eagle Club werkte. 'De gasten daar kunnen helemaal niets. Die hebben hun ski's alleen voor de show bij zich. Maar vandaag is het lekker rustig. Vanwege de rouw hè.'

Puck ging wat rechterop zitten. 'Ja, dat begreep ik. Een nare zaak. Kende u mevrouw Puiset?'

Nu gleden ze over hoge dennenbomen heen en de vrouw staarde naar beneden. 'Kennen... niet echt nee. Maar ik wist wie ze was hè. Net als iedereen hier. Daarom vind ik ook dat het restaurant moet sluiten. Maar ja, wie luistert er nou naar mij?'

'Hoe stond mevrouw bekend in het dorp?' probeerde Puck het gesprek terug naar Cecile te sturen, maar de vrouw hield haar blik naar beneden gericht en leek haar niet te horen.

'Sluiten doen we nooit, zeiden ze. Dat is wel waar. Dat doen ze nooit. Zelfs niet op het hoogtepunt van de coronacrisis. Leden moeten altijd terechtkunnen. Dat is de regel. Alleen nu is er bijna niemand.'

'En hoe is het normaal begin januari?'

'Normaal?' De vrouw keek op en leek niet te geloven dat ze die vraag echt had gesteld. 'Dit zijn normaal natuurlijk de allerdrukste weken. Dan is het vechten om een tafeltje. Behalve voor Herr Bach natuurlijk.'

'Herr Bach, wie is dat?'

'Als u die vraag stelt, komt u echt nooit in Gstaad.'

'Dat klopt, ik ga lesgeven op Le Puiset,' loog Puck, want het leek haar beter niet te zeggen dat ze een journalist was. 'Geschiedenis.'

'Geschiedenis. Dat zal een zware klus worden zeg, met die machtige ouders. Die zetten het verleden graag naar hun hand. Ja, dat wordt zeker zwaar.'

Inmiddels hadden ze het eindstation van de lift bereikt en Puck begon al te schuiven over het stoeltje. 'Dat afstappen vind ik altijd heel spannend.'

'Gewoon ademhalen,' zei de vrouw en ze tilde ondertussen de beugel omhoog. 'Precies ja, laat je maar gaan.'

Ze gleden beheerst een heuveltje af en nog voordat Puck meer over Le Puiset kon vragen maakte de vrouw vaart.

'Ik moet me melden.' Ze zwaaide met haar stok. 'Nou succes hè, op die school.'

Puck zwaaide terug, verloor bijna haar evenwicht en skiede daarna heel voorzichtig in haar eentje door naar het grote houten terras van de club. Na wat gepiel kreeg ze haar bindingen los, zette de ski's weg en met zware benen van de spanning liep ze door naar de club, die op het eerste gezicht niet meer was dan een laag, uitgerekt chalet.

Bij de ingang stond een vrouw in een lange donzen jas op haar te wachten. Ze stak direct haar hand uit en stelde zich voor als Mia, de vrouw van barman Leon. 'Of Pierre, zoals ze in Hotel Olden steevast zijn naam verbasteren. Zo vernederend.'

'Ah, Mia, vandaar,' zei Puck en terwijl ze haar helm losklikte, dacht ze aan de initialen op de enveloppe. Die had Leon in het hotel moeiteloos kunnen achterhalen. Daar had hij natuurlijk ook gehoord dat ze journalist was. 'Heeft je echtgenoot gevraagd contact met mij op te nemen?'

Mia knikte. Haar twee grijze vlechten deinden licht mee. Ze had rode, bolle wangen, maar voor de rest zag ze er oud uit. Diepe rimpels en doffe, grijze ogen. 'Sorry kindje, voor dit geheimzinnige gedoe. Maar ontslag kunnen we niet hebben. We moeten hier heel erg voorzichtig zijn.'

'Dat begrijp ik, en bedankt dat u dan toch met me wilt praten. Ik zal het volkomen discreet behandelen,' probeerde Puck de vrouw gerust te stellen. 'Bronnen zijn voor mij heilig.'

'Daar moet ik dan maar op vertrouwen. Kom *Schatzi*, laten we gaan lopen. Ik heb nog precies vijftien minuten pauze.'

'Gaan we niet naar binnen?' vroeg Puck. Ze kon nog net een groot haardvuur zien, in het midden van de hal met brede, leren stoelen eromheen. 'Ik ben inmiddels wel nieuwsgierig geworden.'

'Nee kind, dat is echt onmogelijk. Het is alleen voor leden.'

'Dat weet ik, maar ook niet even een minuutje?'

Mia schudde zo hard met haar hoofd dat haar vlechten tegen haar wangen sloegen. 'Schatzi, je moet het met mij doen. Ik heb juist hier op de berg afgesproken omdat er nu bijna niemand is. Vanavond wordt het te druk. Dan heb ik geen pauzes meer. Kom, laten we gaan.'

Uit de kordate toon van Mia's stem maakte Puck op dat doorzeuren kansloos was. Ze liepen langs het verlaten terras het bos in.

'Komen vanavond de gasten die de dienst van mevrouw Puiset bijwonen?' vroeg ze door.

'Ja. Allemaal oud-leerlingen die nu wereldwijd op machtige posities zitten.'

'Wie zijn dat zoal?'

'Wie niet? Bankiers, ministers, adel. Mevrouw heeft altijd de schijn van exclusiviteit hoog weten te houden.'

'Schijn? Is het elitaire dan nep?'

Mia liet een schrille lach horen. 'Ach kind, de school is één groot toneelstuk.'

'Hoe kunt u dat met zoveel zekerheid zeggen?' Haar stem werd gedempt door de dikke laag sneeuw op de takken van de grote dennen. Het versterkte het gevoel van geheimzinnigheid. 'Kende u Cecile persoonlijk?'

'Ik heb vijftien jaar in de keuken kunnen kijken. Letterlijk. Nu ben ik al jaren sommelier bij de Eagle Club, maar daarvoor werkte ik als souschef in de keuken van Le Puiset.'

'Interessant, ik ben...' Puck deed alsof ze wegzakte in een sneeuwhoop. En in haar zogenaamd wilde poging rechtop te blijven staan, zette ze zo onopvallend mogelijk de microfoon op haar mobiel aan. 'Er ligt hieronder een konijnenhol of zo, maar goed, wat ik wilde zeggen is dat er volgens mij problemen zijn geweest met Russische leerlingen. Misschien kunt u daar iets meer over vertellen.'

'Zeker kan ik dat.' Het pad loste langzaam op, ze ploegden nu door de diepere sneeuw. Ondertussen vertelde de vrouw over de jaren zestig, toen er nog veel adellijke kinderen op school zaten, en dat daarna de Griekse scheepsmagnaten, gevluchte rijke Iraniërs en Libanese vastgoedkoningen kwamen. 'Toen was het nog best netjes. Ze hielden natuurlijk wel feestjes, maar alles binnen redelijke grenzen. Maar inderdaad, met de komst van de Russen ging het helemaal fout. Midden jaren negentig, na de instorting van de Sovjet-Unie, kwamen ze massaal naar Le Puiset. De oligarchen. Drijvend op hun oliegeld. Allemaal boevenkinderen, van veel te snel rijk geworden ouders. Daar zat geen laagje beschaving meer op.'

'Wat is er toen precies gebeurd?'

'Het begon met relletjes in de klas. Brutaal gedrag, spijbelen. Agressief doen tegen de leraren. Ze terroriseerden andere leerlingen. Per jaar werd het erger. Drank, drugs. Veel coke vooral. In de GreenGo, de disco in het Palace Hotel, misdroegen ze zich ook. Obers uitschelden, letterlijk met geld smijten. Ze pochten dat ze met biljetten hun kont afveegden. We dachten dat het een grap was, tot de wc's verstopten. Een vriend van mij heeft die moeten leegpompen. Ze bleken echt volgepropt met dollars.'

'Wat een verhaal. Greep Cecile in? Of de politie? Werden ze geschorst?'

Mia schudde haar hoofd. Ze stonden nu stil op een open plek in het bos. Om hen heen was het doodstil. 'Nee

Schatzi, de politie deed niets. De gemeente hier is te afhankelijk van het grote geld. Cecile vond het volgens mij vreselijk, maar ze reageerde dat vooral op ons af. Alsof het personeel er iets aan kon doen. Ze was zwaar gefrustreerd. Vreesde vooral voor reputatieschade. Alleen kon ze echt niet zonder de Russische klandizie. Tot het seizoen van 2000 ging dat zo door.'

'En toen?'

'Sorry, maar ik moet langzaamaan weer terug.' Mia begon weer te lopen. 'Ja, die winter van 2000 ging het fout. Echt heel fout. Wat er precies is gebeurd weet ik nog steeds niet. Maar haar zoon Matz...'

Ineens keek Mia haar recht aan. Haar doffe ogen lichtten op. 'Die ken je toch?'

'Ja, nou, niet zo goed, en...' begon Puck zich weer te verontschuldigen. Het was laf, en het voelde als verraad.

'Het is een loser. Schatzi, echt, blijf uit zijn buurt.'

'O?'

'Ja, hij deed mee met die Russen. Pretovitsj was het ergst.'

Ineens draaide Mia zich om. 'Hoorde je dat?'

'Wat?'

'Dat gekraak.'

Ze bleven allebei staan, maar het bos om hen heen was nog steeds doodstil.

'Goed, dat zal wel een vogel zijn geweest. Waar was ik?'

Puck slikte haar spanning weg. 'Je sprak over de Russen.'

'O ja, die Pretovitsj. Wat een beest was dat. Hij heeft zelfs mij eens in mijn kont geknepen. Matz adoreerde hem. Op een nacht, op de verjaardag van die Pretovitsj, liep het helemaal uit de hand. Muziek, drank, seks, en een vleugel van het meisjeschalet is toen in vlammen opgegaan. Vanuit ons huis op de berg zagen we ineens een hoge steekvlam. Als een fakkel brandde het in een keer af. Ze zeiden dat het een keukenbrand was. Onzin. Maar Cecile heeft ons de dag daarna allemaal op staande voet ontslagen. Ze verweet ons nalatigheid.'

'Wat extreem.' Puck zag de Eagle Club tussen de bomen doorschemeren. 'Kon ze dat zomaar doen?'

Weer bleef Mia even stilstaan. 'Die nacht zijn er twee meisjes overleden. Hun lichamen werden volkomen verkoold gevonden.'

'Jeetje, wat een vreselijk verhaal. Is er ooit iemand voor veroordeeld?'

Weer die schrille lach. 'Wat denk je zelf? Nee, natuurlijk niet. Het was tenslotte een "vreselijk ongeluk". Cecile kreeg steunbetuigingen uit de hele wereld. Dankzij al dat geld was het chalet die zomer alweer in ere hersteld en bleef de naam van de school onbezoedeld. Het jaar daarna kwamen er meer inschrijvingen dan ooit.'

'Niet te geloven zeg. En Matz? Wat was er met hem gebeurd?'

'Dat weet ik dus niet precies.' Mia keek op haar horloge. 'Sorry Schatzi, maar mijn pauze is nu echt voorbij. Ik moet naar binnen. Eén ding is nog wel belangrijk denk ik. Matz en die Pretovitsj waren de dag na de brand ineens allebei verdwenen. Het heeft echt jaren geduurd voordat we hem weer een keer door het dorp zagen wandelen.'

Toen was Matz dus direct naar Amsterdam vertrokken, rekende Puck snel in gedachten uit. Waar hij zich waarschijnlijk meteen bij de kunstacademie had aangemeld. Logisch dus dat hij nooit over de school had verteld. Daar was duidelijk iets naars gebeurd.

Ondertussen hadden ze de trap vlak bij de club bereikt. Het viel Puck nu pas op dat het uitzicht vanaf het terras schitterend moest zijn, je kon zo over alle bergen in de omgeving heen kijken. De elite had hier letterlijk hun top bereikt.

'Bedankt,' zei ze en ze stak haar hand uit. 'Ik heb veel aan ons gesprek gehad. Natuurlijk zal ik uw naam niet gebruiken, maar ik ben wel benieuwd waarom u hierover wilde vertellen. Het afbreukrisico is voor u tenslotte echt heel groot.'

'Afbreukrisico,' herhaalde Mia met een grijns. 'Zo zou je het ook kunnen omschrijven. Russische roulette, zou ik het eerder noemen.'

Mia lachte onverwacht hard om haar eigen grap. Daarna keek ze weer schichtig om zich heen, alsof ze zelfs op deze verlaten bergtop absoluut zeker wilde weten dat niemand hen had gehoord. Toen boog ze zich naar haar toe. 'Weet je hoe ze ons noemen? Hoe de leerlingen van de school het personeel van de school omschrijven?'

Puck schudde haar hoofd.

'*Les esclaves*, de slaven. En wat dacht je dan van *les paysans*? De boeren dus, dat zeggen ze als ze het over de dorpsbewoners hebben. Dat noemen ze dan onderling trots "hun traditie". Nou, daarom dus. Het wordt echt de hoogste tijd.'

En hoewel Mia zonder verdere toelichting terugliep naar de club, wist Puck precies wat ze bedoelde. Het werd tijd om het Puiset-imperium eens flink door te lichten. En het voelde nu echt als haar taak om dat zo vakkundig mogelijk te doen.

18

De zon was net onder en het dal baadde in een paarse gloed. Het was bijna windstil. Puck zweefde in de lift recht boven het dennenbos waar ze net met Mia had gelopen. Het leek alsof ze de toppen van de bomen kon aanraken. Geen takje bewoog. Niet te geloven dat haar weer-app toch een stormalarm had afgegeven.

Ze wilde nu snel terug naar het hotel. Vooral omdat ze niet kon wachten om de verhalen die Mia had gedeeld uit te werken en te checken. Als het allemaal waar was, waren er heel veel lijntjes om verder uit te zoeken. Zo te horen had Cecile nogal wat vijanden gemaakt. Te beginnen met de ouders van de overleden meisjes. En wellicht waren de andere Russen ook niet zo blij met haar.

Door een kleine windvlaag wiebelde het stoeltje wat heen en weer en Puck greep direct de beugel weer vast. Onder haar klonk geritsel en voorzichtig keek ze toch naar beneden. Een man liep diep voorovergebogen het bos uit. Ze kon alleen zijn muts van bovenaf zien. Waar kwam hij in vredesnaam vandaan? Tijdens de wandeling waren ze toch echt helemaal alleen geweest. Ze had geen verse voetstappen gezien. Of had Mia het toch goed gehoord? De man keek nu omhoog en volgde kort met zijn blik haar stoeltje. Even dacht ze haar buurman weer te herkennen, maar ze sprak zichzelf onmiddellijk streng toe. Hij was hier niet. Dit was een van die duizend kleine Europese mannen die te veel op elkaar leken.

Beneden in het dorp waren de straten verlaten en Puck zag dat de meeste chalets en winkels hun luiken al hadden gesloten. Zouden dat de voorbereidingen voor de storm zijn? Verwachten ze dan toch zoveel sneeuw? Ze passeerde het stationnetje en zag dat zelfs het perron al met rode linten was afgezet. Dan hadden ze dus toch ook het treinverkeer geannuleerd. Onwillekeurig versnelde ze haar pas.

In het hotel was het stiller dan die ochtend. Ze vroeg de receptioniste of Leon vanavond werkte. Zonder op te kijken antwoordde de vrouw dat barman Pierre een paar dagen met verlof was. 'Zoals u ziet, is het te rustig. We hebben de bar tijdelijk gesloten.'

'En de gasten voor de dienst dan?'

Nu keek de receptioniste wel op. Met samengeknepen lippen keek ze haar afkeurend aan. 'Met hun agenda hebben we hier in het hotel natuurlijk niets te maken, maar ze eten met de Puisets in de Eagle Club.'

'Ook tijdens deze storm?'

'Mevrouw Vonhouten,' zei de vrouw streng en ze schoof haar bril hoger op haar neus. 'Ik had uw oordeel als journalist toch professioneler ingeschat. De zogenaamde megastorm waar de sensatiepers zo mee bezig is, is hier heus niet zo bijzonder. Sneeuw, wind, kou. Dat zijn we wel gewend. Vanavond zal niet anders zijn. U kunt gerust gaan slapen.'

'Daar twijfel ik ook niet aan. Is roomservice wel beschikbaar?'

'Natuurlijk. Het menu ligt op uw bureau. Hebt u uw boek trouwens al teruggevonden?'

'Ja, dank u. Het lag inderdaad gewoon op mijn kamer,' erkende Puck met tegenzin. Ze gunde deze vrouw niet haar gelijk. 'Een fijne avond dan maar.'

De vrouw knikte alleen nog en Puck liep snel richting de trap. Hoewel het haardvuur brandde voelde de hal kil aan. Zoveel lege stoelen, geen live pianomuziek of brandende kaarsen. Het leek alsof het hotel een winterslaap hield.

Haar kamer was wel warm. Het kamermeisje had al een lampje aangedaan en de luiken gesloten. Ze trok haar skibroek uit en ging in haar badjas op bed zitten. Via roomservice bestelde ze een schnitzel met friet en een glas rode wijn. Daarna klapte ze haar laptop open op haar schoot. Binnen een paar minuten had ze krantenberichten gevonden over de brand in februari 2000. Foto's van smeulende resten van het chalet, een verdrietige mevrouw Puiset die in een interview verklaarde geschokt te zijn en niet begreep hoe de kortsluiting had kunnen ontstaan. Iets verderop vond ze een achtergrondartikel over de Solovjovtweeling die bij de brand was omgekomen. Dochters van een miljardair die goed bevriend was met Poetin. Een eigenaar van staalfabrieken en steenkolenmijnen die een playboyachtig leven leidde, aan de foto's te zien. Op een ervan stond hij met voorovergebogen hoofd met een boeket rode rozen naast het graf van de tweeling. Door zijn Italiaanse maatpak en donkere Prada-zonnebril leek het eerder een scène uit een maffiafilm dan een triest familietafereel.

Een bescheiden klopje op de deur kondigde het eten aan en toen ze opendeed zag ze alleen een trolley staan, de ober was al verdwenen. Ze reed het karretje naar binnen en schoof de bureaustoel ernaast. Haar maag rommelde, ze had de hele dag nog niets gegeten en ze had ineens een enorme honger. De schnitzel was gelukkig bijna zo groot als haar bord en ook de sla en frites waren meer dan voldoende. Uit het flesje rode wijn haalde ze precies twee volle glazen. Hoewel ze het niet had besteld, had het hotel er ook een toetje bij gedaan. Een stevig stuk kruidkoek dat er heerlijk uitzag, maar ze liet het toch staan. Ze kon niet uitsluiten dat er noten in zaten.

Op haar mobiel kwam een berichtje van Freek binnen die schreef blij te zijn dat ze zich beter voelde en aankondigde dat hij een paar dagen onbereikbaar was, omdat hij zich zou opsluiten in het tuinhuis van zijn ouders. 'Als jij weer aan het echte werk gaat, dan moet ik ook maar eens mijn compositie op papier zetten.'

Ze stuurde een gifje met een op hol geslagen piano terug. Daarna vond ze een *Vanity Fair*-profiel van Cecile uit 2016, waarin ze werd omschreven als een soort Europese Jackie Kennedy. Mooi, gereserveerd, elegant gekleed, vrouw van een beroemde man en vooral zeer invloedrijk na zijn dood. Cecile bleek uit een verarmd Nederlands adellijk geslacht te komen en had door haar huwelijk met de Franse Frederic Puiset haar plek bij de Europese elite gewaarborgd. Foto's van hun huwelijk eind jaren zeventig toonden veel beroemde gasten als koningin Elisabeth, Grace Kelly van Monaco en Jackie Kennedy zelf, maar ook kunstenaars als Andy Warhol en Mick Jagger. Cecile zag er schitterend uit in een kanten jurk van Yves Saint Laurent, maar haar blik leek mat. Geen sprankelende verliefde ogen. Ondanks alle glamour voelde Puck medelijden met deze vrouw, voor wie het behoud van status duidelijk haar levensmotto was geweest.

Bij de laatste foto bleef Pucks blik hangen. Tijdens de grote polowedstrijd in Gstaad in de zomer van 2015 zat Cecile heel dicht bij een lange man, met een donkere bril. Ze waren duidelijk in een vrolijk gesprek verwikkeld. Dit kon toch niet waar zijn? Maar in het bijschrift las ze inderdaad dat Pjotr Solovjov de sponsering van de wedstrijd had verzorgd. Hoe was het mogelijk dat deze man zo amicaal omging met de vrouw die uiteindelijk toch medeverantwoordelijk was voor de dood van zijn dochters?

19

Waarschijnlijk was ze ongemerkt door de zware rode wijn ingedut, maar ineens schrok ze wakker. Overal klonk gekraak, de luiken klapperden en het loeien van de wind om haar heen was oorverdovend. Verdomme, de storm was al begonnen. Als een briesende, oude man gierde hij door het hotel. De deuren trilden in hun sponningen en het klonk zelfs alsof ze ramen hoorde breken.

Puck rilde. Een ijskoude tocht trok door de kamer. Zou de verwarming zijn uitgevallen? Ze gleed uit bed en checkte de radiator, die inderdaad koud aanvoelde. Vlug deed ze een skitrui aan en liep de gang op. Behalve de huilende wind hoorde ze niets. Het hotel leek volkomen verlaten. Kippenvel kroop over haar rug. De lange, desolate gang deed haar aan die horrorscène uit *The Shining* denken. Ze dook snel haar kamer weer in en belde de receptie. Meteen kreeg ze de verzuurde vrouw aan de telefoon. Puck legde uit dat haar kamer nogal frisjes was.

'Dat kan kloppen, de verwarming is even uitgevallen, excuses daarvoor. Maar maakt u zich geen zorgen, de conciërge is ermee bezig. Volgens mij heeft hij het al bijna weer gemaakt.'

'Komt het door de storm?' vroeg ze terwijl ze het dons verder over zich heen trok. 'Gaan die windstoten nog lang duren?'

'Mevrouw, we zijn hier echt wel wat gewend,' zei de receptioniste weer belerend, maar haar stem klonk minder zeker dan vanmiddag. 'De laatste voorspellingen geven aan dat de storm al over een uur zijn hoogtepunt bereikt. Misschien krijgen we dan ook nog wat sneeuw, maar we zijn overal uitstekend op voorbereid. Maakt u zich nou toch vooral geen zorgen. Als er nog meer problemen zijn, belt u maar weer.'

Het idee dat het nog harder zou gaan waaien, stelde Puck juist helemaal niet gerust. Zeker niet omdat haar kamer zo vlak onder het dak zat, maar ze zei zo stoer mogelijk. 'Ja prima, ik zit hier goed hoor.'

Ze hing op en net toen ze haar laptop wilde openen om de weerberichten te checken, appte Matz. *Alles oké in Hotel Olden?*

Ze antwoordde dat, hoewel wat koud en luidruchtig, het hotel tegen de storm bestand leek. *Al kraakt het dak hier boven mij wel verdacht hard. Hoe is het bij jullie?*

De gasten zitten vast in de Eagle Club. Overvallen door de kracht van de storm. Maar komt goed. Ik zit met leerlingen in de school. Hier alles veilig.

Sterkte. Hou me op de hoogte, schreef ze terug en ze probeerde zich voor te stellen hoe het zou zijn, die elite zo op elkaar gepropt, bedolven onder een meter sneeuw. In de kelder lag in ieder geval genoeg dure wijn om je lam te kunnen zuipen.

Ze probeerde het gekraak van het dak te negeren en las op de weersite dat de storm inderdaad nog verder zou aantrekken. Sommige bergdorpen waren al van de buitenwereld afgesneden. Hoe erg de schade zou zijn, kon nog niemand inschatten. Weer klonk een dreun tegen haar luiken en ze begreep ineens dat het de terrasstoelen waren die door de wind heen en weer werden geslingerd. Haar handen voelden klam. Ze wilde echt wel dapper zijn, maar ze was duidelijk toch niet zo'n held in deze extreme weersomstandigheden.

Het was het beste om afleiding te blijven zoeken, dus begon ze te googelen naar informatie over Matz. Al snel vond ze zijn galerie in New York, maar las in zijn persoonlijke profiel op de website dat zijn graffitikunst al een tijd niet meer goed verkocht. Zijn laatste verkoop was twee jaar geleden geweest en na de reizende tentoonstelling *Urban Drawing Projects* over post 9/11-kunst had hij geen expositie meer gehad. Zijn atelier zat wel in Brooklyn Heights en ze vroeg zich af hoe hij de huurprijzen in die dure buurt kon betalen. Van de verkoop van zijn schilderijen zou hij dat zeker niet kunnen bekostigen.

Op zijn Instagramprofiel zag ze hem staan, midden in zijn atelier met grof bespoten doeken, grote ramen en een hippe bakstenen muur vol planten op de achtergrond. Met zijn linnen ongestreken hemd, net iets te ver open, en achteloos een skateboard in de hand, vond ze hem ineens iets sneus hebben. Zo'n verlopen kunstenaar die ooit eens beroemd was geweest. De rest van zijn posts toonden vooral veel feesten op dakterrassen, boten en in grote tuinen. Zijn luxe levensstijl leek niet te rijmen met zijn magere kunstenaarsinkomen.

Boven het gedreun van de wind uit klonken nu de zware klokken van de kerktorens in het dorp. Waarschijnlijk als waarschuwing dat er een noodsituatie was ontstaan. Moest ze nu iets gaan doen? Moest ze zich ergens gaan melden? Uit het raam kijken was echt onmogelijk. Alle luiken zaten potdicht. Misschien kon ze maar het beste hier blijven en afwachten. Het scrollen leek gelukkig tegen de angst te helpen. Ze vond oudere foto's van Matz, waarop hij regelmatig innig gearmd met een mooie, donkere, iets jongere vrouw stond. Bij een foto waarop ze allebei op ski's stonden in Aspen las ze dat ze daar hun tienjarig jubileum vierden. Zou die relatie nu over zijn? Of ging hij gewoon heel makkelijk vreemd? Moest ze zich daar schuldig over voelen? Vanmiddag had ze natuurlijk niet gevraagd of hij een relatie had. Maar hij was er zelf ook niet over begonnen. De vrijpartij had hem waarschijnlijk net zo verrast als haar. Ze had wel meteen weer die aantrekkingskracht gevoeld, maar niet gedacht dat ze zo snel in bed zouden belanden.

Ze wilde doorklikken naar de Facebookpagina van de vrouw, maar ineens viel de wificonnectie weg. Waarschijnlijk uitgevallen door de storm. Nu hoorde ze ook meteen weer hoe hard de wind om het hotel heen joeg. De windvlagen rukten nog krachtiger aan het dak. Zou het eraf kunnen vliegen? Ze sloeg haar handen over haar oren. Het klonk alsof zware tanks een racewedstrijd door de smalle straten hielden.

'Ga verder met googelen,' sprak ze zichzelf hardop moed in. 'Dat helpt. Zoek die vrouw.'

Gelukkig had haar mobiel nog wel 4G en ze las op de weersite dat de wind in Berner Oberland inmiddels orkaankracht 12 had bereikt. Nog steeds was het ijskoud in de kamer en ze belde opnieuw de receptioniste. De telefoon ging wel over, maar er werd niet meer opgenomen.

'Godver,' schreeuwde ze uit. Een enorme dreun klonk recht naast haar oor. Ze sprong op. De balk boven haar leek dwars doormidden te breken. De wind rukte nog harder aan de daklijsten. Dit ging fout. Ze moest nu naar beneden. Kijken wie er nog wel waren en of ze daar veilig zou zijn.

Vlug schoot ze een extra vest aan en rende naar de deur. Nog voordat ze bij de gang was, trilde haar mobiel. Een bericht van Jelle. Ze voelde een ongekende opluchting. Eindelijk contact met de buitenwereld.

Hé Puck, ik hoop dat alles goed gaat daar. Hoorde van de storm. Sterkte. Even iets anders. Ik heb mijn GoPro-filmpje teruggekeken en zag toch een man langs de bosrand staan. Je had gelijk. Zal ik je het sturen?

'Zie je wel,' riep ze hardop. Ze was toch niet gek.

Ja graag, appte ze terug en zag nu pas dat haar mobiel

bijna leeg was. Ze twijfelde. Eigenlijk moest ze nu naar beneden, maar ze had ook haar oplader nodig. Ze rende terug haar kamer in, ging snel door de spullen in haar koffer, maar kon dat ding nergens vinden. Ook op het bureautje lag hij niet. Opnieuw trilde haar mobiel en ze zag dat Jelle het filmpje had gestuurd. Net toen ze hem wilde openen, viel haar mobiel uit.

'Shit,' zei ze opnieuw alleen tegen zichzelf. 'Wat nu weer?'

Ineens bedacht ze dat ze de oplader in de kast had gelegd en ze schoof snel de deur open. Maar nog voordat ze hem kon pakken, knipperden de lampen en werd het pikdonker. Ze kon zelfs haar eigen handen niet meer zien. Het huilen van de wind en het krakende hout leken nu nog luider te klinken. Op de tast zocht ze een lichtknopje, maar zonder resultaat. Ook bij twee keer drukken bleef het aardedonker.

Verdomme, niet ook nog de elektriciteit. Moest ze hier nu in het donker afwachten of toch op de tast naar beneden lopen? Een ijskoude luchtstroom gleed over de vloer van de kamer. Met een klap viel de badkamerdeur dicht. Ergens moest iets naar buiten zijn opengewaaid of misschien was er wel een raam stukgeslagen. Nee, ze kon hier onmogelijk blijven zitten, besloot ze. Op handen en voeten kroop ze richting de deur. Plotseling rinkelde de telefoon naast haar bed. De bulderende wind maakte het bijna onmogelijk om het te horen, maar iets anders kon het geluid niet zijn. Met haar handen tastend langs de muur, de kast en het bureau kon ze net op tijd de telefoon vinden.

'Mevrouw Vonhouten,' klonk de gejaagde stem van de receptioniste. 'Hier Helga, van beneden. Ik denk dat u zich het beste bij ons in de kleine salon kunt voegen.'

'Dat wil ik ja. Heel graag,' riep ze over het gehuil van de storm terug. 'Maar het is hier aardedonker. Ik ben bang dat ik het niet kan vinden.'

'In de la van het nachtkastje ligt een zaklamp. We wachten op u.'

'Bedankt, ik kom er nu aan.'

Pucks handen trilden en ze haalde twee keer diep adem om wat rustiger te worden. Het gekraak van het dak was nu oorverdovend. Met enige moeite vond ze de la en op de tast pakte ze de zaklamp. Gelukkig deed hij het meteen en ze bewoog de kleine lichtbundel door de kamer. Ze zag dat de ramen, ondanks de zware luiken toch in hun sponningen trilden. Nog even en ze zouden allemaal springen.

Ze liep snel naar de gang. Behalve het groene licht van de nooduitgang was de lange ruimte geheel in duisternis gehuld. De huilende wind die dwars door de gang heen joeg, leek haar in een keer te bevriezen. Overal klonk gebeuk en geklapper. Ze beet op haar onderlip. Kom op, ga!

Terwijl ze met de zaklamp langs de wand scheen, vond ze de trap en tree voor tree schoof ze naar beneden. De grote hal was leeg en donker, maar vanuit de salon scheen een zwak licht. Ze hoorde stemmen. Pas toen ze de kamer binnenstapte, begonnen haar knieën te trillen. Eindelijk veilig. Twee warme haardvuren, kaarsen en een olielampje verlichtten de ruimte. In deze tussenruimte klonk de razende wind een stuk minder luid.

Op de bank zaten de twee blonde vriendinnen van de Russische gasten dicht bij elkaar. De mannen waren nergens te zien. Verderop zag ze een jonge ober die whisky's uitdeelde, Helga die achter een bureautje met de huistelefoon aan het bellen was, de kok die bij een haard een sigaret stond te roken en een man in een overall die bezig was met een apparaat dat op een generator leek. Ze liep direct naar de kok en vroeg om een sigaret. Zwijgend stak hij er een voor haar aan. Met nog trillende vingers pakte ze hem aan en inhaleerde diep.

Helga gebaarde dat ze in de stoel bij de haard moest plaatsnemen en voordat ze er om kon vragen, kreeg ze ook een glas whisky en een bakje nootjes aangeboden. Ze bedankte voor de nootjes, liet zich onderuitzakken en nam meteen een grote slok. De warmte van de alcohol verwarmde haar hele borstkas. Nu pas voelde ze hoe bang ze eigenlijk was geweest, in haar eentje daarboven in de nok.

In gebrekkig Engels informeerden de twee vrouwen of ze ergens in het hotel al schade had gezien.

'Alles lijkt nog heel, maar wat een kabaal overal.' Puck nam nog een trek van haar sigaret en drukte hem toen uit. Ze merkte dat haar vingers nog steeds trilden. 'Ik ben blij als het over is.'

'Gelukkig kan het hotel heel wat hebben,' zei Helga die bij de haard aanschoof. Met haar leesbril schuin in haar korte haar geschoven en rode ogen van de slaap zag ze er veel minder streng uit. Aardig zelfs. De receptioniste vertelde dat de rest van het personeel beneden in het souterrain bezig was om de ingangen tegen de stuifsneeuw te barricaderen. ‘Ze verwachten dat het tot wel twee meter hoog kan opwaaien.’

‘Onze mannen helpen mee,’ zei een van de vrouwen trots, die zich voorstelde als Paula, en ze kroop dichter tegen haar vriendin aan. ‘We zijn in Rusland ook wel wat gewend.’

Helga knikte hun vriendelijk toe en legde uit dat de storm het komende uur zou gaan liggen, maar dat het herstel van de elektriciteit nog wel even zou duren.

‘Ze schatten in dat het bij zonsopgang allemaal voorbij is. Misschien kan ik u tot die tijd wat dekens brengen,’ stelde Helga voor en ze ging meteen weer staan. ‘Dan kunt u hier hopelijk toch nog wat slapen.’

Puck zag op de antieke klok boven de haard dat het al bijna half twee was en ze begreep meteen beter waarom ze zich zo trillerig voelde. Ze nam het aanbod van de dekens aan, accepteerde nog een glas whisky en ondanks de doorrazende windvlagen dommelde ze langzaam weg. Vlak voordat ze echt in een diepe slaap viel bedacht ze dat deze sneeuwstorm de moordenaar waarschijnlijk heel goed uitkwam. Helemaal niemand leek meer bezig te zijn met de moord op Cecile Puiset.

20

Opnieuw schoof Puck een hoop sneeuw aan de kant. Samen met zeker twintig personeelsleden van het hotel en de twee Russische stellen was ze al een dik uur bezig met sneeuwruimen. De ingang van het hotel hadden ze vrij gekregen. Nu waren ze druk met de toegangstrappen en het paadje naar de straat. Het zweet liep over haar rug. Het was nog vroeg, maar de zon was al op en de ochtend was onvoorstelbaar rustig. Geen donkere wolken meer, geen zuchtje wind en de temperatuur was net boven het vriespunt. Op sommige plekken was de sneeuw zelfs al aan het smelten.

Hijgend leunde ze op de schep en keek om zich heen. Het dorp was een chaos. Overal lagen weggewaaide luifels en omgevallen dennen, auto's waren bedolven en daken ingestort. Er was zeker meer dan anderhalve meter sneeuw gevallen maar de wind was het meest verwoestend gebleken. Het leek wel alsof er geen boom was blijven staan. De dorpsbewoners ruimden gezamenlijk met de sporadisch achtergebleven toeristen de rommel voor de winkels en hotels op. Af en toe klonk het geratel van een motorzaag die zware takken doorzaagde. Groot puinruimmateriaal was onderweg, maar de toegangswegen waren nog geblokkeerd.

Op de achtergrond vlogen de helikopters af en aan. Ze had gehoord dat iedereen in de Eagle Club veilig was, maar dat ze onderkoeld waren geraakt en door de sneeuwhopen en lawines onmogelijk zelf naar het dal konden komen. Ze werden nu met een luchtbrug naar Freiburg en Montreux afgevoerd.

Matz had ze nog niet kunnen bereiken. De elektriciteit was nog steeds niet hersteld en de beperkte capaciteit van de generatoren was nodig voor de verwarming en vast niet voor het opladen van telefoons. Ze had het in ieder geval niet durven vragen. Maar via Helga had ze wel gehoord dat Matz ongedeerd was, net als de rest van zijn familie en de leerlingen in de kostschool.

'Gaat het nog?' vroeg Paula, de meest spraakzame Russische vrouw, die naast haar was komen staan. 'Ik denk dat we nog wel even bezig zijn.'

Puck knikte. 'De wind was uiteindelijk toch sterker dan ze hadden verwacht.'

'Nou, ik vermoedde het wel hoor. En ik wilde hier ook weg. Maar ja, onze mannen hè.'

Ze keken samen naar de twee Russen die iets verderop handig een grote sneeuwschuiver hanteerden.

'Wat was er met hen?' vroeg Puck. 'Wilden ze wel blijven?'

'Ja, per se. Woedend was ik. Kijk nou, we hadden dood kunnen zijn.'

'Waarom wilden ze dan niet vertrekken?'

'Business,' zei Paula en ze trok een vies gezicht. 'En ons maar laten geloven dat we echt met vakantie waren.'

Paula wilde nog iets zeggen maar ze werd overstemd door een diep gebrom. Om de hoek van het chalet kwam een sneeuwscooter op kleine ski's aan. Vlak voor de plek waar normaal de straat begon maar nu een witte sneeuwheuvel lag, stopte hij. Pas toen de man zijn helm afdeed zag ze wie het was.

'Matz!'

'O Puck, goed zo. Ook nog heel zo te zien.'

'Gelukkig wel.' Ze liep door de diepe sneeuw naar hem toe. Zijn ogen waren bloeddoorlopen, waarschijnlijk door gebrek aan slaap. 'Heftig was het hè? Hoe is het bij jullie gegaan?'

'Iedereen bij ons ook veilig. Wel allemaal erg geschrokken. Ik heb nog nooit zoiets meegemaakt. Maar volgens mij lagen we net in de luwte. We hebben echt mazzel gehad.' Hij gaf een kneepje in haar schouder. 'Fijn dat jij ook oké bent.'

Ze glimlachte. 'We hoorden hier dat het Palace Hotel forse schade heeft opgelopen. Deel van het dak zou verwoest zijn.'

'Dat zou kunnen,' zei hij ineens wat afwezig. 'Maar even iets anders. Heb je toevallig mijn zus gezien?'

'Nicole? Waarom zou ze hier zijn? Is ze niet bij jullie boven?'

Hij schudde zijn hoofd. 'We dachten dat ze op haar kamer was, maar daar is ze nooit geweest.'

'Vreemd, waar zou ze in deze storm heen zijn gegaan?'

'Geen flauw idee. Maar ver kan ze niet zijn.' Hij startte de scooter weer. 'Ik ga toch even langs de politie. Mijn stiefvader is in alle staten. Hij is doodsbang dat haar ook iets is overkomen.'

'Echt? Maar zijn daar dan aanwijzingen voor?'

Matz gaf wat gas en de scooter schoot naar voren. 'Nee, natuurlijk niet. Maar het wordt hem allemaal te veel. We hebben net ook het afscheid van mijn moeder moeten uitstellen.'

'Ja, arme man. Het is ook veel.'

'Ik hou je op de hoogte.' Hij gaf haar een vluchtige kus op haar voorhoofd. Zijn lippen voelden warm, maar ze wilde niet terugdenken aan hun middag samen en draaide haar hoofd weg. Vannacht had ze besloten dat het niet nog een keer moest gebeuren. Ze was hier aan het werk, seks met Matz leidde te veel af. Even fronste hij zijn wenkbrauwen, daarna klikte hij zijn helm vast en racete weg. Zijn kaarsrechte houding versterkte het gevoel dat hij ten strijde trok. Hoewel niet duidelijk was met wie hij in gevecht was.

Puck pakte haar schep weer op maar ze kon Paula nergens meer vinden. Pas toen ze geschreeuw aan de overkant hoorde, zag ze haar staan. Wijdbeens, tegenover een van de Russische mannen die haar arm stevig vasthield. Puck kon nog net horen dat hij haar op een dreigende, lage toon toesprak. Ze kon het niet precies verstaan maar ze begreep meteen dat hij woedend was.

'Vergeet het maar,' schreeuwde Paula nog harder terug. Ze trok zich los en liep in de richting van het station. Puck rende achter haar aan.

'Gaat het wel?' vroeg ze toen ze de vrouw had ingehaald.

Zonder haar aan te kijken, liep Paula door. 'Ja hoor, prima.'

'Is er iets gebeurd?'

'Nee, maar ik ga nooit meer met die gek op een kamer slapen. Die gast is levensgevaarlijk. Echt, wat een weirdo. Ik vertrek naar het Palace Hotel. Totdat...'

'Wacht,' zei Puck en ze stopte. 'Het Palace Hotel is beschadigd door de storm.'

Nu stond Paula ook stil. 'Is het gesloten?'

'Dat weet ik niet, maar misschien is het Alpina beter?'

'Whatever. Ook goed,' zei Paula geïrriteerd en liep alweer door. 'Maar wat kan het jou eigenlijk schelen? Laat me in godsnaam met rust.'

Zonder om te kijken liep Paula het weggetje in dat naar de andere kant van het dorp leidde. Haar rode jas wapperde de hoek om. Waar kwam deze onvriendelijkheid ineens vandaan? Was haar vriend misschien boos op haar geworden omdat ze met haar had gepraat? En waarom vond ze hem ineens zo gevaarlijk?

Terwijl Puck terugliep naar het hotel ging ze in gedachten alle Russische lijntjes na. De affaires met de Russische leerlingen in de kostschool, haar Poetin-lookalike, de link tussen Matz en die engerd Pretovitsj, waar Mia zo vol afschuw over had verteld. En dan nu weer deze Paula en haar Russische vrienden uit haar hotel met hun vreemde 'business'. Hoewel ze op het eerste gezicht niets met elkaar te maken leken te hebben, was het toch te veel om als toeval af te doen. Ze moest het snel op papier gaan zetten. Al schrijvend vertraagden haar gedachten altijd. Dat had ze van Gellhorn geleerd, zij dacht ook beter als ze schreef.

Maar eerst moest ze hier nog sneeuwruimen. Hopelijk werd dan ook de elektriciteit snel hersteld en kon ze eindelijk haar telefoon weer opladen.

21

Nog geen uur later waren ook de ramen van de eetzaal sneeuwvrij gemaakt. De zon prikte op haar wangen. In twaalf uur tijd ging ze van verkleumd tot verbrand, wat een bizar weer was het toch. Ze ritste haar donzen jack helemaal open om af te koelen.

Ondertussen scande ze de straat op bekende gezichten. Of eigenlijk vooral op zíjn bekende gezicht. Dat Jelle het filmpje had gevonden was goed nieuws, alleen had ze nog steeds niet kunnen checken of het ook echt om haar buurman ging. Voor de zekerheid keek ze nog eens goed om zich heen. Als hij toch ergens weer tevoorschijn kwam, wilde ze hem meteen kunnen aanspreken. Nu zou ze hem niet meer laten gaan.

Aan het begin van de deels al schoongeveegde dorpsstraat zag ze Matz terugkomen. Hij stond op de scooter en zag er statig uit.

‘En? Konden ze wat voor je doen?’ vroeg ze toen hij voor het hotel stopte.

Zonder zijn helm af te doen schudde hij zijn hoofd. ‘Het

was heel gênant. Net toen ik Nicoles beschrijving aan de politie wilde doorgeven, appte ze me. Serieus! Ze zit in Genève, bij een vage ex. Een of andere rijke Singaporees.'

'Is ze toch voor de storm vertrokken?'

Matz knikte, zijn adem maakte wolkjes in de lucht. 'Ja, ze schreef dat ze alles te emotioneel vond. Ze kon het zogenaamd allemaal niet meer aan. Raar wijf. Ja sorry hoor, het is mijn zus, maar dit doe je gewoon niet.'

'Misschien niet.' Puck vond dat hij volkomen gelijk had, maar ze wilde zich niet in dit familiegedoe mengen. 'En nu? Heb je haar nog wel gesproken?'

'Dat lijkt me beter van niet. Dat komt later wel.'

'Dat begrijp ik. Maar even iets heel anders, is jouw mobiel nog wel voldoende opgeladen?'

Hij knikte. 'Hoezo?'

'Mijn telefoon is volkomen leeg. Ik kan hem nergens opladen. Mag ik even een appje naar mijn baas sturen? Hij zal zich wel zorgen maken.'

'Ik weet het beter gemaakt. Spring achterop.' Hij klopte op het kussen achter zich. 'Dan breng ik je naar boven. Onze elektriciteit werkt nog uitstekend. Kun je daar je eigen telefoon opladen.'

'Nu?'

'Had je andere plannen?'

Ze schoot in de lach. 'Die had ik ja, maar die zijn nogal in het honderd gelopen.'

'Nou precies, kom mee dan.'

Ze gaf haar schep aan Helga en stapte achterop. Even

twijfelde ze of ze haar armen om Matz' middel moest slaan, maar hij trok zo hard op dat ze geen keus had. Leunend tegen zijn rug klommen ze langs de privéchalets die verspreid op de berg lagen, steil omhoog. Een helikopter vloog zo laag voorbij dat ze haar ogen moest sluiten tegen de opwaaiende sneeuw.

'Proleten,' schreeuwde Matz met zijn gebalde vuist in de lucht. 'Kom mee sneeuw scheppen.'

Ze lachte. Iets in de houding van Matz maakte haar toch weer vrolijk. Waarschijnlijk omdat hij zich van niemand wat leek aan te trekken. Die dwarsheid vond ze nog steeds aantrekkelijk. Nu rook ze ook nog licht zijn aftershave en de gedachte aan zijn naakte lichaam flitste weer kort voorbij. Niet doen, sprak ze zichzelf in gedachten toe. Ze moest proberen meer afstand van hem te nemen. Om zo objectief mogelijk onderzoek naar hem te kunnen doen. Ze had op zoveel vragen nog geen antwoord gekregen. Bijvoorbeeld over zijn vriendschap met die Pretovitsj. En dan die brand van 2000, met de arme Solovjov-zusjes. Ook had ze nog niet kunnen vragen naar zijn kunst en die relatie met die vrouw.

Ze draaiden de laatste bocht om en de drie chalets van de school kwamen in beeld. Bij de hoofdingang stond een groep leerlingen te roken. Als ze de Gucci-jassen niet had herkend, hadden het ook willekeurige pubers kunnen zijn. Zestienjarigen zagen er wereldwijd nu eenmaal vergelijkbaar uit. Bleke, puisterige gezichten, meisjes met zware wenkbrauwen en met kohl aangezette ogen, jongens met beginnende baardjes. Allemaal hangend tegen elkaar, net te hard lachend.

Een meisje weggedoken in een zwarte hoody, met felrode lippenstift stond apart. Ze keek vooral erg boos. Nog voordat Matz de motor had uitgezet, verstomde het gesprek in de groep. Allemaal keken ze hun kant op.

'Dit is Jelena,' zei Matz, terwijl hij zijn helm afdeed en naar het boze meisje wees. 'Ze zal je laten zien waar je je telefoon kunt opladen. Ik moet eerst nog even langs Simon.'

Nog voordat Puck kon vragen hoe lang hij weg zou blijven was Matz de hoek al omgeschoten en stond ze alleen voor de boze Jelena. Die keek haar niet aan maar schoof met haar doorweekte gympen wat sneeuw opzij. Daarna drukte ze haar sigaret op het schoongeveegde stukje uit en duwde zonder iets te zeggen de zware chaletdeur open.

Puck ging er voor het gemak maar vanuit dat ze haar moest volgen. De gang was smal, wit betegeld en lag vol met jassen die willekeurig op en onder haken waren gegooid. Rugzakken lagen slordig tussen het stof op de vloer. Ze had een majestueuzere entree verwacht. Onbegrijpelijk dat ouders hier ruim honderdvijftigduizend euro per jaar voor neerlegden.

Jelena leidde haar naar een ruimte die misschien ooit dienst had gedaan als klaslokaal, maar waar nu alleen nog een formicatafel en een paar plastic stoelen stonden. Een vergeelde plek op de wand met grote gaten erin, verraadde dat er vroeger een schoolbord had gehangen. Het meisje schoof een stoel naar achter en plofte neer.

'Hier,' zei ze in het Engels en ze klapte met haar hand tegen de muur. Uit een ouderwets stopcontact hingen twee stekkerdozen met verschillende opladers. 'Keuze genoeg.'

'Dank je.' Puck vond meteen de juiste voor haar oude iPhone en trok er ook een stoel bij. 'Zo, dat was wel heftig hè vannacht, die storm. Was het hier een beetje uit te houden?'

'Best.'

'In het dorp waaiden we bijna weg, mijn hotel kraakte aan alle kanten,' ging Puck verder, hopend op een uitgebreidere reactie van het meisje. 'We kregen de voordeur niet meer open. Er lag bijna twee meter opgewaaide sneeuw.'

Maar Jelena bleef zwijgend naar haar afgebladderde rode nagels kijken. 'Niets van gemerkt.'

'Ook niet van de wind?'

Jelena beet nu op haar duimnagel. 'Ik sliep.'

En hoewel het vast niet grappig was bedoeld, schoot Puck toch in de lach. 'Dat is ook een manier om jezelf af te leiden, ja.'

Jelena schoof haar capuchon naar achteren. Korte rode krullen verschenen, haar felgroene ogen keken haar onderzoekend aan. 'Wat wilt u van me?'

'Niets, gewoon een praatje.'

'Ik heb niets te zeggen.'

'Ook goed.' Puck stond op, opende een raam en bleef bij het kozijn staan. De frisse lucht waaide zacht naar binnen. 'Je kunt ook gaan hoor. Ik wacht hier alleen even tot ik twintig procent heb.'

'We mogen bezoekers niet alleen laten.'

'O nee?' Puck draaide zich naar haar toe. 'Sinds wanneer hou jij je aan de regels?'

Nu ging Jelena wat rechterop zitten. 'Madame Cecile was er altijd heel streng op.'

'Aha, Madame Cecile,' herhaalde Puck langzaam. 'Volgens mij zal zij het niet meer merken als je me hier alleen achterlaat.'

Een kleine glimlach gleed over Jelena's gezicht. 'Daar zou u weleens gelijk in kunnen hebben.'

'Nou, ga dan. Van mij hoort niemand iets hoor.'

Maar Jelena bleef toch zitten. 'Ik heb niets te doen.'

'Prima, blijf maar.' Puck wist dat ze nu haar aandacht had, al bleef Jelena zo verveeld mogelijk kijken. 'Waarom stond je trouwens net alleen te roken?'

'Daar sta ik altijd. Het zijn allemaal eikels.'

'Wie bedoel je?'

'Mijn zogenaamde landgenoten. Allemaal Poetin-maffiosi.'

Puck had wel ingeschat dat Jelena Russisch was, maar de afkeer van haar eigen land verraste haar. 'Waarom zit jij hier dan? Tussen deze, in jouw ogen, grote criminelen.'

Jelena trok de hoody weer over haar hoofd en even leek het alsof ze zich opnieuw in haar boze wereld terugtrok, maar toen zei ze zachter. 'Mijn grootmoeder kon mij niet alleen opvoeden. Deze school leek haar de beste ter wereld.'

'En is dat dan niet zo?'

Woest schudde Jelena met haar hoofd. 'No fucking way. Het is de aller-, allerslechtste.'

'Wat stoort je dan zo?'

Jelena schoof wat naar voren en wilde iets zeggen, maar er kwam gerommel uit de gang en ze dook weer in elkaar.

'Hé Puckie, zit je nog hier.' Matz kwam met grote passen de kamer in. 'Is het gelukt?'

'Ja perfect, bedankt. Ik wacht even tot mijn mobiel een beetje is opgeladen.'

'Laat hem maar hier liggen. Jelena let er wel op, toch?'

Het meisje knikte bevestigend, maar bleef naar haar nagels kijken.

'Mooi zo,' zei Matz terwijl hij haar wenkte. 'Kun je met mij mee lopen? Simon wil je even spreken.'

Hoewel Puck voelde dat het meisje haar meer te vertellen had, zou het te veel opvallen als ze een bezoek aan Simon zou afslaan. 'Natuurlijk, dat is prima. Tot zo, Jelena. Niet weggaan hoor.'

22

Zigzaggend door smalle gangetjes vertelde Matz dat Jelena met een speciale beurs op school zat. Ze was een enorme computernerd. Cecile had een bijzonder kinderfonds opgericht voor kansarme Russische leerlingen met bijzondere talenten. Jelena was als twaalfjarige een van de eersten die dankzij dat geld hier kon beginnen.

'Mijn moeder heeft daar nog eens een award voor gekregen van de Russische ambassadeur,' zei Matz en hij leidde haar een brede trap op. 'Soms vergeet ik gewoon hoeveel mijn moeder voor al die kinderen heeft betekend.'

En wat deed ze voor jou, wilde Puck vragen, maar ze zag Simon al bovenaan de trap staan.

'Mevrouw Vonhouten, welkom,' begroette hij haar meteen enthousiast. 'Of mag ik Puck zeggen?'

Ze gaf hem een hand en het viel haar nu pas op hoe zacht zijn blik was. Warme, donkerbruine ogen en licht omhoogkrullende mondhoeken. Wel grijze, bijna paarsachtige diepe wallen. 'Graag zelfs.'

'Mooi, dan ben ik Simon.'

Ze keek hem aan. 'Gecondoleerd nog met je vrouw. Wat vreselijk.'

'Dat is zeer vriendelijk van je,' antwoordde hij ineens weer formeel en hij ging haar voor naar een ruime studeerkamer. Het was er aangenaam warm. Houten panelen, geweien en antieke ski-attributen versierden de wanden en hij gebaarde haar in een grote leunstoel plaats te nemen. Matz bleef bij de haard staan.

'Mijn stiefzoon en ik wilden je kort bijpraten,' zei Simon terwijl hij achter zijn bureau ging zitten. 'Ik heb helaas niet veel tijd, maar er moet mij iets van mijn hart.'

Haar maag kromp samen. Even schoot door haar heen dat ze iets fout had gedaan. Een reflex uit haar jeugd, die ze meteen aan de kant schoof. 'Wat kan ik voor jullie doen?'

Simon pakte een dossier uit zijn la en begon te vertellen over Nicole. Dat ze veel schulden had, haar huis in Londen gedwongen had moeten verkopen, dat ze haar moeder om een lening had gevraagd, maar dat Cecile die had geweigerd. Mogelijk had zijn stiefdochter zelfs een gokverslaving ontwikkeld.

'En dan is ze nu ineens vertrokken,' besloot Simon en hij schoof de map naar haar toe. 'Het is een lieve meid, begrijp me alsjeblieft niet verkeerd. Maar...'

Hij hield abrupt op en keek naar buiten. Ze zag dat zijn ogen zich met tranen vulden.

'We weten het natuurlijk niet,' nam Matz het over. 'Maar we vinden het wel vreemd dat ze ineens is weggegaan. Na dat ene appje heeft ze niets meer van zich laten horen. Reageert niet meer op onze berichten. Negeert telefoontjes.'

'Nu willen jullie dat ik ga onderzoeken waar ze is?' Ze stond op en pakte het dossier. 'Zijn jullie echt bang dat haar iets is overkomen?'

De twee mannen wisselden kort een blik en Simon keek haar verbaasd aan. 'Je onderzoekt toch de moord op mijn vrouw? Voor een achtergrondartikel?'

'Ja, zeker, maar ik dacht...' begon ze en ineens begreep ze wat hij bedoelde. 'O, jullie vermoeden dat Nicole iets te maken heeft met de moord op je vrouw? De moord op haar móéder?'

'Nou, nou, vermoeden... dat is wellicht iets te zwaar,' zei Simon snel.

'Ja, dat bedoelen we ook niet helemaal, maar het is wel een rare situatie,' voegde Matz toe. 'Misschien kun je gewoon wat rondvragen in het dorp. Wellicht heeft iemand haar die ochtend in het bos gezien. Als wij dat doen, valt het te veel op.'

'Dat begrijp ik. Voor mijn verhaal is het sowieso ook belangrijk het verder uit te zoeken. Dus natuurlijk wil ik dat.' Ze hield het dossier tegen haar borst. 'Hierin vind ik wat achtergrondinformatie?'

'Inderdaad,' zei Simon. 'Het meeste komt uit de Britse media. Ik weet dat Cecile een archief bijhield van haar kinderen...'

'O, echt? Deed ze dat nog steeds?' onderbrak Matz hem. 'Vroeger stopte ze er onze tekeningen in. Schoolrapporten en zo. Niet die van mij natuurlijk. Die waren absoluut de moeite van het bewaren niet waard. Maar wel…'

'Nou, daar dacht ze zelf heel anders over,' onderbrak Simon hem. 'Ze verzamelde alles over jullie. Struinde zelfs jullie socialmedia-accounts af.'

'Echt?' vroeg Matz bezorgd. 'Dat hoop ik toch eigenlijk niet.'

Simon glimlachte flauwtjes. 'Echt alles, maar ik kan het uitgebreide archief nu niet zo snel vinden. Waarschijnlijk heeft ze het ergens té goed opgeborgen. Als ik straks meer tijd heb, zal ik verder zoeken. Voor nu is deze kleine knipselmap wel voldoende, denk ik.'

'Zeker, hiermee kan ik aan de slag. Maar ik wil de verwachtingen wel wat temperen. Ik ben geen rechercheur.'

'O nee, dat begrijp ik natuurlijk volkomen. Maar ik ben zelf afgepeigerd,' legde Simon uit. 'En ik wil de suggestie nog niet bij de politie neerleggen. Je begrijpt dat dat misschien…'

Met veel gekraak zwaaide de deur ineens wijd open. Een grote, blonde man in vale spijkerbroek en dikke wollen trui stapte binnen. 'Simon, kan ik je even lenen?'

'Een momentje Youri,' zei Simon die met moeite uit zijn stoel kwam. 'Mag ik je voorstellen aan mevrouw Vonhouten?'

Ze kreeg een stevige hand, maar Youri keek over haar heen naar Matz. 'Ik denk dat we de leerlingen bijeen moeten roepen. Uitleggen wat er allemaal speelt.'

Matz knikte en legde haar uit dat Youri tijdelijk de decaantaken van Simon over zou nemen. 'Hij is sinds kort onze scheikundeleraar en spreekt Russisch. Dat maakt het wel zo makkelijk.'

'Dat hoop ik dan maar,' zei Youri, die zijn mouwen opstroopte alsof hij meteen wilde beginnen. Puck zag nog net dat hij forse spierballen had. 'Ik wacht op jullie in de eetzaal. Daar zitten de meeste leerlingen al aan de warme chocolademelk.'

'Een traditie van de school,' vulde Simon aan nadat Youri de deur uit was. Hij wiebelde even en zocht steun bij de rand van het bureau. Hij was zichtbaar vermoeid. 'Die had Cecile nog...'

Weer kreeg hij tranen in zijn ogen en Matz sloeg een arm om hem heen. 'Kom, ik breng je naar boven. Ik denk dat je het beste even kunt gaan liggen.'

'En de eetzaal dan?'

'Die aankondiging doe ik dan wel,' zei Matz en hij keek Puck vragend aan. 'Althans als jij het niet erg vindt om...'

'Nee, natuurlijk niet, ik loop gewoon in mijn eentje terug naar het dorp,' zei ze snel. 'Maakt niets uit. Echt. Het weer is nu toch schitterend.'

Nadat ze Simon sterkte had gewenst, nam ze afscheid en liep terug naar het oude klaslokaal. Jelena was helaas verdwenen, maar haar telefoon zat nog wel in de oplader. Op het moment dat ze hem eruit trok, zag ze een post-it op de achterkant van haar mobiel zitten.

Bel me om 13.00, stond er. Met een 06-nummer en grote J eronder. *Het is belangrijk.*

23

Eenmaal buiten schoof Puck de sneeuw van een bankje en ging in de zon zitten. De map over Nicole zat vol uitgeknipte societyfoto's uit internationale roddelbladen. Op elke foto stond ze zwaar opgedirkt in steeds wisselende designeroutfits. Soms met dezelfde man, ene Lian Hou. Dan weer met wat vage bekende Britten. Presentatoren, sportanalisten, dat soort tv-persoonlijkheden. Het was Puck nog niet helemaal duidelijk wat ze met deze informatie kon. Behalve dat ze nu een beeld had van de Singaporees bij wie Nicole mogelijk verbleef. Dat ze failliet zou zijn, bleek in ieder geval niet uit de foto's. Het zag er allemaal heel luxe en overdreven uit.

Vreemd eigenlijk dat Cecile deze knipsels zo nauwkeurig had verzameld en Simon de map vervolgens meteen aan haar had gegeven. Het voelde te intiem, deze trotse verzameling van een moeder. En wat zou hij nou precies met zijn verzoek aan haar willen bereiken? Dacht hij nou echt dat ze op basis van deze knipsels kon gaan onderzoeken of Nicole haar eigen moeder had vermoord? Eigenlijk was zijn verzoek vreemder dan dat ze Nicole verdacht vond. Als je al die vergelijking kon maken.

De sneeuw drupte van de bank in haar laarzen. Onder haar voeten vormde zich een grote plas smeltwater. Het leek wel lente, zo warm was het ineens. Als de schade aan het dorp niet zo zichtbaar was geweest, kon je makkelijk vergeten dat het gisteren zo had gestormd. Puck legde het dossier op haar schoot en opende het filmpje van Jelle op haar mobiel. Ondanks het felle licht dat op haar scherm weerkaatste, kon ze inderdaad zien dat er een man bij de bomenrand stond. Maar nog steeds was ze er niet zeker van of het haar buurman was geweest.

Toch stuurde ze het filmpje door naar Freek. Hoewel hij nu in volledige afzondering componeerde, checkte hij misschien nog wel af en toe zijn berichten. Ze voelde een enorme behoefte om hem te bewijzen dat ze niet gek was. Dat het niet haar fantasie was die op hol was geslagen, maar dat er wel degelijk mannen waren die haar volgden. Al kon ze nog steeds niet bedenken wie het zouden kunnen zijn. Sowieso kreeg ze alle losse eindjes maar niet aan elkaar geknoopt. Ze moest nu echt snel de gemaakte opnames gaan uitschrijven, misschien werd het dan duidelijker. Maar eerst moest ze Jelena bellen.

De telefoon was nog maar één keer overgegaan toen ze al opnam.

'Ja?' klonk het eerst afwijzend. Maar zodra Puck had verteld wie ze was, begon het meisje razendsnel te praten. 'Ik heb weinig tijd. Niemand mag mij horen. Maar het klopt hier echt niet.'

'Wat speelt er dan?'

'Ze dealen drugs. Ook aan de jongste kinderen. MDMA, coke. Maakt niet uit wat. Vervolgens maken ze foto's als ze gebruiken. Als chantage. En...'

'Wacht even. Wie zijn "ze", en wie chanteren ze?'

Iets rustiger vertelde Jelena dat ze had gezien dat Russische leerlingen andere leerlingen overhaalden drugs te gebruiken en daarna dreigden hun ouders erover in te lichten.

'Wat willen ze er dan voor terug?' vroeg Puck.

'Dat weet ik niet.'

'Kun je daarachter komen?'

'Misschien.'

Het irriteerde Puck dat Jelena direct weer zo kortaf was. Zou ze misschien geld willen? 'Wat kost het als je er voor mij achter probeert te komen?'

Jelena vloekte. 'Niets natuurlijk.'

'Mooi, dan wil ik graag dat je dat gaat doen. Kun je dan ook meer over die Youri te weten komen?'

'Die is aardig.'

'Dat zal wel, maar ik bedoel eigenlijk meer over zijn verleden. Waar hij vroeger les heeft gegeven bijvoorbeeld.'

'Ik zal het proberen.'

Nog voordat Puck haar kon bedanken, had Jelena al opgehangen. Meteen volgde een berichtje. *Ik bel je later vanmiddag.*

Puck pakte een handje sneeuw en liet het gedachteloos door haar vingers glijden. Rusland bleef maar terugkomen. Het was bizar. Elke keer als ze dacht dat ze het ergste wel had gehoord, kon het nog extremer. Die kostschool was een poel van ellende. Ze vond het niet eens meer verbazingwekkend dat Cecile was vermoord. Het leek eerder een logisch gevolg van wat er zich allemaal in Le Puiset afspeelde.

Ze moest Matz hier naar vragen. Op een zo neutraal mogelijke manier natuurlijk. Ze belde meteen, maar kreeg zijn voicemail.

'Ik lunch zo in mijn hotel. Als je tijd hebt, kom je dan langs?' sprak ze in. 'Ik wil je graag kort interviewen. Er is nog zoveel dat ik niet weet. Laat je het even weten?'

Ze stopte haar mobiel in haar zak en stond op. Haar voeten waren inmiddels doorweekt van het smeltwater en ze volgde de sporen van de sneeuwscooter terug naar haar hotel. Bij elke stap die ze zette, merkte ze dat ze sneller en oppervlakkiger begon te ademen. Misschien vanwege de ijle lucht, maar waarschijnlijker door de spanning. Het voelde ongemakkelijk om Matz op een journalistieke manier te benaderen, terwijl ze gisteren nog in elkaars armen lagen. Martha Gellhorn had regelmatig met hetzelfde schuldgevoel geworsteld en had dan toch ook voor haar werk gekozen. Gedurende haar onstuimige huwelijk met Ernest Hemingway had ze eens gezegd dat ze niet een voetnoot in het leven van iemand anders wilde zijn. Hemingway voelde zich getergd door haar ambitie. Hij scheen haar zelfs een keer gevraagd te hebben of ze in zijn bed een oorlogscorrespondent of zijn vrouw was. Natuurlijk waren de omstandigheden nu anders, maar sommige dilemma's bleven duidelijk net zo lastig.

Puck rekte zich tijdens het lopen uit, ademde diep in en liet haar schouders zakken. Laag in haar buik ademen was beter. Uiteindelijk was Gellhorn een betere journalist geworden dan Hemingway. Een klassiek geval van de leerling die de leraar overtrof. Alleen had ze daar helaas niet zoveel waardering voor gekregen als hij. Zoals in die tijd vaker met slimme vrouwen gebeurde.

Ze liep de dorpsstraat in en precies op het moment dat ze op het bordes van het hotel stond, trilde haar mobiel. Een bericht van Matz. *Ben over een klein uur in je hotel.*

Om twee uur dus. Dan had ze nog net genoeg tijd om te douchen en ondertussen het gesprek met hem voor te bereiden. Ze wilde zoveel mogelijk over zijn leven in New York te weten komen, doorvragen over die banden tussen de school en Rusland, de brand in 2000 en erachter proberen te komen wat hij wist over de huidige problemen met de Russische leerlingen. Ondertussen moest hij natuurlijk niet in de gaten krijgen dat ze definitief haar werk boven hem had verkozen. Waarschijnlijk was dat nog de meest lastige klus.

24

Om tien over half drie zat Puck in de lege bar nog steeds op hem te wachten. De elektriciteit was volledig hersteld, het was gelukkig een stuk warmer en de sfeer in het hotel voelde ook wat normaler. Alleen werd er nu weer druk getimmerd om ramen en luiken te herstellen. Helga had haar al een tweede glas wijn gebracht en opnieuw gevraagd of ze toch niet alvast iets te eten wilde bestellen. Misschien alleen een soepje? Of een kleine salade?

Puck had uitgelegd dat Matz elk moment kon komen en dat ze toch nog geen honger had. Maar dat was gelogen. Ze had ook al niet ontbeten en eigenlijk rammelde ze. Maar ze wilde per se op Matz wachten. Samen eten verlaagde meestal de spanning in een interview en verhoogde de intimiteit, wist ze uit ervaring. Al etende praten mensen makkelijker door.

Maar nu was Matz toch wel erg laat. Ze probeerde hem te bellen, maar zonder resultaat, zelfs zijn voicemail ging niet over. In een appje wilde ze vragen of ze alvast wat voor hem kon bestellen, maar ze zag dat hij al zeker anderhalf uur niet meer online was geweest. Waarschijnlijk was hij nog met Youri bezig om de leerlingen in te lichten. Wachten had geen zin meer en ze liep naar de keuken om Helga te zoeken. Terwijl ze de klapdeuren openduwde, zag ze Leon nog net de gang op glippen. Ze riep hem na, maar hij reageerde niet, ook niet toen ze hem Pierre noemde. Hij moest haar zeker hebben gehoord, maar was kennelijk nog steeds te bang om direct met haar te spreken. Die zwijgcultuur was erg hardnekkig.

De kok bleek geen Engels te spreken maar gebaarde dat hij een schnitzel zou maken en dat ze in de eetzaal moest wachten. Ze nam weer plaats in de lege ruimte en besloot Jelena te bellen. Nog voordat de telefoon overging, nam het meisje al op.

'Ik kan niet lang praten,' fluisterde Jelena. 'Ik sta hier net buiten de aula, maar ik heb wel gehoord wie die Youri is.'

Puck verwachtte dat ze meteen meer zou vertellen, maar het bleef ongemakkelijk stil. 'En?'

'Volgens mij had je gelijk.'

'Waarover?'

'Je vond hem toch verdacht?'

Puck kon zich niet herinneren dat ze dat had gezegd, maar beaamde het meteen.

'Het is een vreemde gast. Oud al, 42 of zo,' vervolgde Jelena. 'Geboren in Novosibirsk, ergens in Siberië geloof ik. In 1987 is hij vlak voor de perestrojka met zijn ouders naar Zwitserland gevlucht. Zijn vader was hier voor een medisch congres of zo en is toen overgelopen.'

Puck vond het allemaal nog niet heel erg verdacht klinken, maar ze wilde niet veroordelend overkomen. 'Oké, hoe ben je hierachter gekomen?'

'De man die het hout hakt,' begon Jelena nog zachter te vertellen. 'Die had het gehoord van de slager en…'

'Duidelijk,' reageerde Puck geïrriteerd. 'Zei hij nog meer?'

'Dat Youri's vader was veroordeeld als Russische spion.'

'Dat is opmerkelijk.'

'En die kinderen hier op school blijken ook allemaal voor de Russische inlichtingendienst te werken.'

'Wat zeg je nou? Denk je dat serieus?' Puck zag in de gang de ober met haar schnitzel voorbijkomen. 'Is dat niet iets te overdreven?'

'Nee, echt,' zei Jelena nu harder. 'Die Russische kinderen hier moeten heftige foto's over andere rijke Europese kinderen proberen te vinden. Om ze ermee te kunnen chanteren, denk ik. Dat gebeurt door fake berichten te verspreiden, ze af te persen na die feestjes en vunzige foto's te delen. Ik heb een paar van die foto's gezien, echt niet normaal en…'

'Hoe weet je dit dan?'

'Ik heb hun Snapchats gehackt.'

'Echt waar?'

'Ja, dat is niet moeilijk hoor. Die wachtwoorden van die accounts zijn zo doorzichtig.'

Eigenlijk moest ze Jelena nu een standje geven, maar dit was een te mooie vangst. Russen die belastend materiaal verzamelen om de Europese elite te kunnen bespelen. Als het tenminste waar was. ‘Mooi werk. Kun je me er wat van laten zien?’

‘Misschien.’

‘Dat zou me erg helpen,’ zei Puck nu zo rustig mogelijk. Ze wilde Jelena niet afschrikken, want als dit waar was, was het groot nieuws. ‘Een paar foto’s is genoeg.’

‘Zal kijken. Heb je er ook wat aan als ik kan achterhalen wie de baas is?’

‘Je bedoelt wie die kinderen aanstuurt? Ja, dat zou absoluut fantastisch zijn.’

Weer was het onbehaaglijk lang stil. Ondertussen werd haar schnitzel geserveerd.

‘Bel me overmorgen maar,’ klonk het uiteindelijk nog zachter en meteen verbrak Jelena de verbinding. Onmiddellijk daarna kreeg Puck een berichtje. *Om 8.45, vlak voor de eerste les.*

Puck appte terug dat ze dat natuurlijk zou doen en vroeg of ze Matz nog op de kostschool had gezien. Maar Jelena reageerde niet meer, al had ze aan het blauwe vinkje te zien het bericht wel gelezen. Hij was hun lunch vast gewoon vergeten, besloot Puck en ze begon aan haar eten.

25

'Zeg je nou dat die kids een soort vooruitgeschoven spionnen zijn?' herhaalde Ernest wat Puck hem net had verteld. 'Dat zou een briljant plot zijn. Ingenieus bedacht ook van die Russen. Hoewel ik ook weer niet geloof dat die echt zo verfijnd werken. Maar goed, het is het uitzoeken waard. Absoluut!'

Puck zat achter haar bureau met het dekbed om haar heen. Hoewel de verwarming weer op volle toeren werkte, zou het volgens Helga nog wel even duren voordat ook alle slaapkamers waren opgewarmd.

'Is het een idee om een reeks te maken?' stelde ze voor. 'Eerst een artikel over de kostschool en de schandalen, dan een over de Russische link en dan hopelijk ook nog een over de moordenaar van Cecile.'

'Misschien ja. Maar eerst wil ik wat meer bewijs zien. Nu klinkt het nog te veel als een wildwestverhaal.'

Ze glimlachte. Dit was haar baas ten voeten uit. Eerst was hij kinderlijk enthousiast, daarna corrigeerde hij zichzelf door ineens heel zakelijk te reageren. 'Oké Ernest, daar ga ik voor zorgen. Ik hou je op de hoogte.'

'Maar ik vind het wel mooi werk tot nu toe hoor, Puck. Echt goed gedaan.'

'Dank je, ik zit stiekem ook echt te genieten.'

'Goed zo, maar blijf voorzichtig hè.'

Ze namen afscheid en Puck begon direct te tikken. Het hielp om de verhaallijnen volledig uit te schrijven, dan ontdekte je snel waar de gaten in de informatie zaten. Nu viel het haar bijvoorbeeld meteen op dat hoewel ze de laatste twee dagen veel meer over de Puisets te weten was gekomen, ze nog geen stap dichter bij Ceciles moordenaar was geraakt. Zou de dader bewust de roddels over de kostschool verspreiden, zodat iedereen van de moord werd afgeleid?

Drieduizend getikte woorden verder was de belangrijkste conclusie dat ze Matz echt zo snel mogelijk moest spreken. Hij leek toch de belangrijkste schakel tussen al deze losse details te zijn. Ze stond op, trok de la van haar bureautje open en pakte van onder de hotelbijbel haar pakje sigaretten. Eigenlijk hoefde ze die voor niemand te verbergen, maar ze schaamde zich. Dat zelfs de longkanker van haar moeder niet genoeg reden was om nooit meer een sigaret aan te raken. Maar de stress leek toch veel beter te hanteren met nicotine.

Rokend, met het dekbed om haar heen, liep ze het balkon op en probeerde Matz opnieuw te bereiken, maar ze zag meteen dat hij nog steeds niet online was geweest. Eigenlijk was ze vooral opgelucht. Ze zag ertegenop om hem zo te interviewen. Hij zou waarschijnlijk meteen doorhebben dat ze hem niet als vriend, maar als journalist vragen stelde.

Ze ging op een terrasstoel zitten en keek over de winkelstraat uit. Het begon al te schemeren, een blauwige gloed gleed over het dorp. De lucht leek zo breekbaar als dun glas, waardoor het net voelde alsof ze de realiteit kon aanraken maar die toch onbereikbaar bleek te zijn. Het versterkte ineens het idee dat ze hier een leven probeerde te leiden dat niet van haar was. Dat ze de rol van een stoere journalist speelde, maar eigenlijk nog steeds die vage, eeuwige student was die te bang was om echt kritisch te zijn.

'Hou nou toch eens op,' zei ze hardop en ze zoog extra hard aan haar sigaret. 'Haal jezelf toch niet continu zo onderuit.'

Ze moest in zichzelf blijven geloven. Ze kon goed schrijven en kreeg vaak makkelijk de waarheid boven tafel. Daar moest ze nu maar eens op leren vertrouwen. Resoluut drukte ze haar sigaret uit. De as siste in de sneeuw. Ze moest niet wachten totdat Matz haar zou terugbellen. Nee, ze moest haar eigen onderzoek leiden.

Na een diepe zucht stapte ze terug naar binnen, schoot haar jas aan en liep de gang op. Als ze snel was, kon ze nog net voor het donker bij de chalets van de kostschool zijn. Misschien wist die Youri wel waar Matz was, al straalde die vent geen oprechte interesse in een ander uit. Echt gênant hoe hij haar had genegeerd en strak langs haar heen had gekeken. Hij leek vooral zakelijk en kil. Als het verhaal over zijn vader klopte, was dat waarschijnlijk de reden voor zijn afstandelijkheid. Was het zijn tweede natuur geworden om anderen eerst te wantrouwen. Maar dan nog, een ongelukkige jeugd was geen excuus voor onbeschoft gedrag.

Beneden in de hal hoorde ze een appje binnenkomen. Niet van Matz zoals ze had verwacht, maar van Freek. In telegramstijl. *Wil niet bellen. Zit nog in isolatie, muziekstuk vordert. Heb je filmpje bekeken. Misschien idd je buurman. Kan ik niet zien. Heb wel de naam van je buurman gevonden. Misschien heb je er iets aan. Ene Pjotr Solovjov.*

'Niet bellen?' herhaalde ze hardop. 'Barst, jij.'

Ze belde hem meteen, maar ze kreeg inderdaad zijn voicemail.

'Verdorie,' zei ze tegen de lege gang. Hoe groot was de kans dat haar buurman toevallig dezelfde achternaam had als de tweeling die hier in 2000 was omgekomen? Nul komma nul, natuurlijk. Dit kon geen toeval zijn. Dat moest familie zijn. Hoe was Freek daarachter gekomen? En wat moest die Solovjov met haar?

Solovjov belangrijke naam, appte ze terug. *Waar heb je die gevonden?*

Nu was het nog essentiëler dat ze Matz te pakken kreeg en ze rende bijna de trap af. Van achter de receptie vroeg Helga of ze iets voor haar kon doen, een slee regelen of zo, maar ze wuifde het weg. In haar eentje naar boven wandelen ging sneller.

Hoewel de straatlantaarns nog niet waren gerepareerd was het nog net licht genoeg om de nu weer opgevroren sporen van de sneeuwscooter naar boven terug te vinden. Verbeten stapte Puck in de diepe sneeuw omhoog. Een vers ijslaagje maakte het nog zwaarder. Wat raar dat Matz maar niet reageerde. Zou er iets met hem aan de hand zijn? Stom dat ze daar niet aan had gedacht. Cecile vermoord, Nicole verdwenen – hoewel ze wel iets had laten horen, maar toch. En dan nu Matz onbereikbaar. Natuurlijk klopte dit allemaal niet.

Ineens hoorde ze zacht gekraak van bevroren sneeuw. Alsof iemand haar van achter besloop. Haar hartslag versnelde. Langzaam draaide ze zich om maar in de schemering zag ze niets. Geen silhouet of iets dat wees op een wegduikende man. Wel zag ze ergens achter een groepje bomen iets kleins bewegen. Vast een eekhoorn, besloot ze. Logisch dat ze nu meer alert was, maar ze moest zich niet laten opjagen. Als die Solovjov haar inderdaad volgde, dan was hij ongevaarlijk, herhaalde ze in gedachten. Hij had al tientallen gelegenheden gehad haar iets aan te doen, maar haar eigenlijk altijd met rust gelaten. Hij had haar zelfs nog nooit aangesproken. Dat hij haar volgde was vreemd, maar niet per se bedreigend.

Ze begon steeds harder te hijgen. Deze korte wandeling was toch zwaarder dan ze had verwacht. Gelukkig zag ze de lichten in de school aangaan. En als ze tuurde, zag ze ook leerlingen achter de ramen bewegen. Ver kon het dus niet meer zijn.

Ineens gleed iets langs haar zij. Met een ruk draaide ze zich om.

'Wie is daar?' riep ze zo hard ze kon.

Maar uit de duisternis klonk geen geluid. Nog een keer voelde ze iets. Ze greep naar haar zak. Jezus, wat vreselijk stom, dat was gewoon haar mobiel die trilde. Ze had zich dus toch laten opfokken.

'Doe nou toch rustig,' zei ze zacht tegen zichzelf en pakte haar mobiel. Matz!

Ze ademde een keer diep in voordat ze opnam. 'Matz, eindelijk. Goed dat je belt. Ik maakte me al zorgen.'

'Dat begrijp ik.' Zijn stem klonk kalm. 'Waar ben je? Kun je ergens even rustig zitten?'

Ze keek om zich heen, zag vlakbij een omgevallen boom en ging op de stam zitten. 'Vertel, wat is er aan de hand?'

Voor zijn doen opvallend langzaam deed hij verslag van de laatste paar uur. Dat hij een bedreiging op zijn mobiel had binnengekregen, dat hij die bij de politie had gemeld en dat ze hem hadden aangeraden even onder te duiken. 'Ik ben niet ver hoor, maar het is voor nu beter zo.'

'Jeetje, Matz. Wat heftig. Wie denken ze dat hierachter zit?'

'Niemand heeft een clue. Ze hadden het in het bericht over dat ik mijn moeder zou volgen. De dood in dus. Het sms'je was van een prepaidtelefoon, uit Rusland.'

'Rusland, serieus?'

'Verbaast je dat?'

'Nee, juist niet.' Gehaast vertelde ze wat ze hier de laatste dagen over de Russen had gehoord. Eerst over de Russische kinderen die op school inlichtingenwerk zouden doen, hun wangedrag, de twee Russen in haar hotel en daarna ook over de winter van 2000, Pretovitsj en de gestorven Solovjov-tweeling. Over zijn rol daarin begon ze nog maar niet.

'Ongelofelijk Puck, wat ben je al ver gekomen. Zie je, ik wist het. Je kunt dit! Denk je trouwens echt dat de Russische inlichtingendienst erachter zit?'

'Ik vind het eerlijk gezegd nogal ongeloofwaardig.'

'Begrijp ik, maar het zou op zich wel veel verklaren. Hoe ben je dit te weten gekomen?'

Bijna had ze Jelena's naam verraden, maar net op tijd slikte ze die in, en mompelde wat over bronnen rond de Eagle Club. Matz reageerde niet meteen en terwijl ze naar zijn zware ademhaling luisterde, bedacht ze dat het opmerkelijk was dat hij niet zelf over de brand was begonnen. En over de affaires die in 2000 hadden gespeeld.

'Jezus, nu is die bedreiging uit Rusland ook ineens logischer,' verbrak hij de stilte. 'Denk je dat mijn moeder hun activiteiten op de school had ontdekt?'

'Mogelijk ja. Als je denkt aan die Russische acties in Engeland, met de vergiftiging van Skripal. Ze deinzen voor niets terug.'

'Absoluut!' schreeuwde hij bijna. 'Meedogenloos kunnen ze zijn. Vind je het goed dat ik ermee naar de politie ga? Dan zeg ik niet dat het van jou komt, hoef je ook je bronnen niet prijs te geven.'

‘Vanzelfsprekend,’ zei ze snel zonder uit te leggen dat bronbescherming ook gold bij politieonderzoeken. ‘Weten zij wel waar je zit?’

‘Natuurlijk… Hé, en over die winter van 2000… ik weet dat er wilde geruchten gaan. Ook over mij. Maar die brand was gewoon een stom ongeluk. Hun vader heeft het mijn moeder ook nooit verweten. Maar als je er meer over wilt weten, moet je het Pierre even vragen.’

‘Je bedoelt Leon? De barman van Hotel Olden?’

‘Leon? Heet hij zo? Nou, in ieder geval die barman, ja. Hij was erbij.’

26

Puck schoot wakker. De telefoon op haar nachtkastje rinkelde. Acht uur. Verdorie, ze had zeker negen uur geslapen. Eigenlijk had ze vroeg willen opstaan om de familie Solovjov verder te onderzoeken. Gisteravond was ze zo intens moe geweest dat ze waarschijnlijk al bij het ruiken van haar kussen in slaap was gevallen. Haar bedlamp brandde zelfs nog.

'Goedemorgen,' haar stem kraakte van de slaap. 'Ben jij het Helga?'

'Ja, ja klopt. Je zei gisteravond toch dat je Pierre wilde spreken? Hij is er vanochtend wel. Hij valt in voor een zieke collega.'

'Perfect. Dan kom ik nu beneden ontbijten.'

Terwijl ze zich aankleedde, schoof ze de gordijnen open. De opkomende zon verfde de scherpe bergtoppen goudkleurig, en hoewel een deel van de sneeuw al was gesmolten, was het dorp nog bedolven onder een slagroomachtige laag. Alles bij elkaar een over the top Hollywood-decor. Ze pakte haar opschrijfboekje en telefoon en zag dat Matz haar had proberen te bereiken. Die belde ze straks wel terug. Eerst kijken wat ze uit Leon kon krijgen. De vorige keer was hij niet heel scheutig met zijn informatie geweest.

De ontbijtzaal was leeg, maar wel volledig gedekt. Damasten kleden, zilveren vaasje met roosjes en roomwit Wedgwood-servies. Om zich niet helemaal verlaten te voelen ging ze aan het kleinste tafeltje zitten. Al na een minuut waaiden de klapdeuren open en stoof Leon naar binnen. Hij had nu niet zijn donkere pak aan, maar een wit katoenen jasje met een gevouwen servet over zijn arm.

'Ben ik nog steeds de enige gast?' vroeg ze toen hij bij haar kwam staan.

'Bijna wel ja. U wilde me spreken?'

'Ja alsjeblieft, ga even zitten.'

Hij keek twee keer om zich heen, alsof hij absoluut zeker wilde zijn dat niemand hem zou kunnen zien en schoof toen een stoel aan. 'Even dan.'

'Dank je, ik heb maar een paar vragen.'

'Over de Puisets? Daar weet ik weinig over te vertellen.'

'Volgens mij is dat niet waar.'

Zijn grijze wenkbrauwen trokken in een V-vorm samen. 'Waarom denkt u dat?'

Puck vertelde dat zijn vrouw Mia had toegegeven dat hij haar had gestuurd en dat ook Matz haar gisteravond had geadviseerd met hem te praten. 'Je zou meer over de brand in 2000 weten. Omdat je er zelf bij was.'

Nu schoot Leon naar voren. 'De rat. Hij zal alles doen om zichzelf vrij te pleiten.'

'Nou, ik denk niet dat Matz...'

'Jawel, dat probeert hij wel,' onderbrak Leon haar. 'En dan zal hij het krijgen ook.'

Spelend met zijn servet begon hij steeds geëmotioneerder te vertellen. Dat hij inderdaad in de winter van 2000, net als zijn vrouw, in de keuken van de school werkte, maar dat het absoluut geen keukenbrand was geweest. Hij wist zeker dat ze de ruimte goed en veilig hadden afgesloten. 'Ik ben een neuroot. Check altijd twee keer het gas en doe alle elektrische apparatuur zorgvuldig uit. Ook die avond.'

Ze knikte en dacht aan zijn nauwkeurige bereiding van de absint. Ze wilde vragen wat dan de oorzaak geweest kon zijn, maar Leon was nu niet meer te stoppen. Hij vertelde dat Mia en hij midden in de nacht ineens vlammen uit de school zagen slaan en dat hij er toen meteen naartoe was gerend. 'Maar meneer Matz hield me tegen. Hij stond voor de deur. Zei dat het te gevaarlijk was binnen. Maar ik had ze kunnen redden. De meisjes. Ik had ze naar buiten kunnen sleuren.'

'Denk je dat echt?'

'Honderd procent.' Zijn ogen vulden zich met tranen. 'Ik hoorde ze gillen.'

'Dat moet vreselijk zijn geweest.' Ze wilde haar hand op zijn arm leggen, maar hij trok hem weg. 'Waarom zou Matz je hebben tegengehouden?'

Leon staarde naar zijn servet. De stof had hij zo strak om zijn handen gewikkeld dat zijn vingertoppen al blauw werden. 'Het spijt me.'

'Wat spijt je, Leon? Je kon er toch niets aan doen?'

Nu keek hij op. Zijn ogen waren rood, maar stonden fel. 'Sorry voor wat ik nu ga zeggen. Echt, het lijkt me vreselijk het zo te horen. Maar het moet.'

'Wat moet? Wat bedoel je?'

'Je hebt het recht het te weten.'

'Dat klinkt dreigend.' Puck drukte zo onopvallend mogelijk op de microfoon van haar mobiel. 'Maar vertel.'

Leon nam een grote hap lucht. 'Matz is je broer.'

'Onzin...' Ze grinnikte. 'O, je maakt natuurlijk een grap. Ik dacht al...'

'Nee, absoluut niet.' Zijn stem klonk resoluut. 'Het is echt waar. Matz is je broer. Nou ja, halfbroer eigenlijk.'

Nu schoot ze echt in de lach. Het idee was zo absurd dat ze niet kon ophouden. 'Ik heb al een moeder, geen vader inderdaad, maar wel een moeder. En hé... Matz was mijn vriend... Dit is echt ridicuul,' zei ze tussen de uithalen door.

Leon bleef stoïcijns zitten, wachtend tot ze was uitgelachen. Hij draaide het servet tot een knoop. 'Nee, het is echt zo. Cecile is je moeder.'

Puck verstijfde. Ze staarde naar Leon, zoekend naar een detail dat zou verraden dat hij loog. Of in het beste geval, een heel slechte grap maakte. Een trillend ooglid, opkrullende mondhoeken, gepluk aan zijn neus. Maar hij bleef rustig zitten en keek haar vol mededogen aan. Of was het medelijden?

'Ja, Cecile is je moeder,' herhaalde hij langzaam. 'Ze heeft je in het ziekenhuis ter adoptie afgestaan.'

Puck stond in een keer op. Haar stoel viel met een doffe plof om. 'Hoe weet je dit eigenlijk?'

'We wisten het allemaal. Iedereen van het personeel. Cecile dacht dat ze het geheim kon houden. Kansloos natuurlijk. Zelfs voordat je werd geboren, wisten we het al.'

De kamer leek te draaien, ze moest de rand van de tafel vastpakken. 'Je liegt.'

'Waarom zou ik?'

'Weet ik veel.'

'Ik heb geen reden om te liegen.'

'Jawel,' fluisterde ze bijna. Alsof ze daarmee de realiteit van het gesprek kon ondermijnen. 'Uit woede naar de Puisets. Naar Matz. Naar iedereen die je Pierre noemt. Mia zei het nog. Ze behandelen jullie als slaven. Jullie willen revanche. Jullie zullen er alles aan doen om de Puisets kapot te maken.'

'Ik kan me voorstellen dat je dat zegt,' zei hij tergend kalm en hij haalde zijn schouders op. 'Kijk, je hoeft me ook niet te geloven. Maar ik zou als ik jou was wel zelf op onderzoek uit gaan. Vraag het bijvoorbeeld aan Simon.'

'Weet hij ervan?'

'Dat denk ik wel. Hij werkte toen in ieder geval ook al op de school. Als leraar Latijn.'

'En Matz?' Terwijl ze het vroeg draaide haar maag zich

om. In gedachten zag ze Matz boven op haar liggen. Seks met je broer. Kon het erger? 'Wist hij het ook?'

'Geen idee.'

Ze keek naar hem, toen naar de deur en daarna weer naar hem. 'Ik geloof je niet.'

'Begrijp ik.'

Ineens rukte ze zijn servet uit zijn handen en smeet het weg. Totaal zinloos, maar ze moest iets doen. 'Wat ben jij een enorme...'

En zonder haar zin af te maken rende ze de eetzaal uit. Ze hoorde dat hij haar riep, maar ze liep zonder om te kijken door. Waarheen wist ze niet, maar ze moest naar buiten. Ademen. Nadenken. Rondlopen. Ook Helga riep haar na, maar opnieuw reageerde ze niet. Ze duwde tegen de draaideur, voelde de ochtendkou in haar gezicht slaan en liep zonder jas de straat op.

27

Hoe lang ze precies had gelopen wist Puck niet. Maar het dorp was ondertussen behoorlijk druk geworden. Een paar toeristen dronken koffie bij Charly's of kochten hun eerste sieraad van de dag bij Cartier. Sommige dorpsbewoners waren nog bezig met het repareren van de stormschade. Een inwoner hing zelfs met een touw aan de dakrand om het uithangbord van zijn galerie vast te spijkeren. In de verte zag ze de eerste skiërs de pistes af komen.

Waarom ze was blijven lopen wist ze ook niet. Maar overal was het beter geweest dan binnen, beter dan Leons stoïcijnse blik te moeten ondergaan, beter dan te moeten horen dat haar leven een grote farce was geweest. Dat haar moeder niet haar eigen moeder was. Dat die bovendien nooit de moeite had genomen haar te vertellen dat ze was geadopteerd. Dat haar moeder had verzwegen dat ze een andere biologische moeder had en haar met leugens had grootgebracht.

'Het is niet waar,' schreeuwde ze in gedachten tegen

zichzelf. Haar stem galmde door haar hoofd. Je weet toch dat dit niet waar kan zijn? Je weet toch wie je echte moeder is? Laat je nou niet gek maken.

Plotseling begon ze over haar hele lichaam te trillen. Haar tanden klapperden, haar knieën leken van rubber. Waarschijnlijk door de kou, zonder jas buiten lopen was natuurlijk extreem onverstandig, maar het leek wel alsof de emoties in haar lichaam haar zenuwen overbelastten. Alsof ze fysiek niet langer aankon wat haar gevoelens teweegbrachten. Ze moest Simon spreken. Ze moest horen of het waar was.

Puck leunde tegen een hekje en wiebelde met haar benen om ze rustig te maken. Ze ademde een paar keer diep in en uit en wreef haar handen warm. Langzaam kalmeerde haar lichaam en kon ze verder lopen. Nu ging het via een steile weg recht omhoog. De chalets van de kostschool had ze al in het vizier. Ze zou daar pas weer vertrekken als ze Simon te spreken had gekregen.

Youri keek haar onderzoekend aan, zijn felblauwe ogen licht samengeknepen. 'Waarom wil je Simon juist nu zien? Hij slaapt nog.'

'Dat maakt me niets uit.' Puck wees naar de klok aan de muur. 'Bovendien, het is al elf uur geweest. Hem nu wakker maken kan geen halszaak meer zijn.'

Youri schudde zijn hoofd. 'De arme man is uitgeput. Laat hem in godsnaam even met rust. Het is hem allemaal te veel geworden.'

'Ik móét hem spreken.' Ze ging wijdbeens staan. 'Hij heeft cruciale informatie.'

Youri zette ineens een stap dichterbij. Zijn brede lichaam vulde de gang. De trap naar het woongedeelte van de familie verdween uit haar gezichtsveld. 'Dit is zeer ongepast. Ik word echt volkomen gek van jullie. Vroeger dacht ik dat de vrije pers heilig was. Maar wat een deceptie! Jullie zijn allemaal opportunisten. Schrijvend tuig. Niet meer dan dat.'

Normaal zou ze misschien met hem in discussie zijn gegaan. Hardvochtig benadrukken dat de media essentieel zijn in een democratie. Dat vrije nieuwsgaring de pijler is onder een goed functionerende rechtsstaat. Maar niet nu. Youri's sterke lijf straalde onverzettelijkheid uit. Hij zou niet voor haar opzijgaan, hoe sterk haar argumenten ook waren.

'Oké, is het dan goed als ik later terugkom?' Ze haalde haar hand door haar haren. Het was een routinegebaar als ze een beslissing had genomen, maar het leek even alsof ze Youri daarmee had geraakt. Hij knipperde kort met zijn ogen en knikte toen.

'Kun je dan wel vragen of hij me belt?' ging ze verder. 'Hij heeft mijn nummer.'

'Dat zal ik zeker doen. Kun je dan nu gaan?'

Zonder iets te zeggen draaide ze zich om en liep terug naar de deur. Het was alsof ze zijn blik in haar rug voelde branden. Maar toen ze bij de uitgang alsnog omkeek, stond hij er al niet meer. Precies zoals ze had gehoopt en meteen liep ze terug naar de trap. Ze schoof haar laarzen uit en sloop op haar sokken naar boven. Eerst checkte ze de kamer links, wat een lege zitkamer bleek te zijn. Daarna deed ze de deur van een bibliotheek open, waar Simon ook niet was. Ging ze nou echt door totdat ze in zijn slaapkamer stond? Wat was ze nou eigenlijk aan het doen?

Een kamer verder stond de deur op een kier. Een zonnestraal viel op het dikke kleed van de gang. Ze hoorde zacht klassieke muziek en rook gebakken spek. Ze klopte op de deur en voordat iemand kon antwoorden, stapte ze de kamer in. Een aangename warmte kwam haar tegemoet. In de haard brandde een hoog vuur.

Simon zat met zijn rug naar het raam aan een lange eettafel te ontbijten. Naast zijn bord en een kop thee lag de krant opengeslagen op tafel. Hij keek op, maar leek niet verrast. 'Zo Puck, daar ben je.'

'Ja, sorry Simon, dat ik zomaar binnen kom vallen. Maar ik...'

'Nee, nee, geen excuses nodig. Het is helemaal niet erg, kom schuif aan.' Hij wees naar een stoel naast hem en schoof een lege beker naar voren. 'Wil je ook thee?'

'Graag.'

Terwijl hij uit een zilveren kan thee inschonk, nam ze plaats en keek nu pas goed om zich heen. Ze zag veel oude familieportretten aan de muur, zware rode gordijnen en antieke meubels. Het was alsof de tijd in deze kamer al decennia was bevroren.

'Wil je ook iets eten?' Hij zette een bordje voor haar neer. Zijn hand trilde. 'Een croissant misschien?'

Ze schudde haar hoofd.

'Een eitje dan? Ik kan vragen of ze een roerei maken. Of gekookt. Kan ook, hoor.'

'Nee, dank je.' Ze staarde naar haar lege bord. 'Verwachtte je soms dat ik zou komen?'

Hij zuchtte diep. 'Ja, eerlijk gezegd is het geen verrassing. Leon belde me.'

'Heeft hij je gebeld? Waarom?'

'Om me te waarschuwen.'

'Echt?'

'Ja, hij had spijt van wat hij had gezegd.'

'Dus het is niet waar.'

Zonder haar aan te kijken vouwde hij eerst de krant dubbel, nam toen een slok thee en zocht daarna haar blik. Zijn ogen waren waterig. 'Jawel Puck, het is echt waar.'

'Niet,' fluisterde ze.

'Ja echt, maar Leon vond achteraf dat hij niet diegene had moeten zijn om het je te vertellen.'

'Dus Cecile is mijn...' Ze kon het woord niet uit haar mond krijgen. Ze had al een moeder. Een heel lieve, die wel altijd voor haar had gezorgd. 'Dus ze is mijn...'

'Ja Puck, ze is je biologische moeder. Cecile Puiset heeft je in 1980 op deze wereld gezet.'

De kamer draaide en de warmte van de haard leek ineens voor een immense hitte te zorgen. Haar wangen gloeiden. Ze wilde vragen stellen maar haar stem leek verdwenen. Ze kon geen enkel passend woord vinden.

Ze zag alleen maar die hautaine vrouw voor zich die haar onderzoekend had aangekeken. Die haar hand te lang had vastgehouden. Had ze op dat moment geweten wie ze was? Misschien had ze het haar toen wel willen vertellen.

Simon schoof wat naar voren en probeerde haar hand te pakken, maar Puck trok zich terug. Hoe lang wist hij het al? Waarom had hij het haar eigenlijk niet eerder verteld? Die ochtend bijvoorbeeld dat ze hier was. Hij had toen alle tijd gehad. Of wilde hij niet dat Matz het wist?

'Ik begrijp je schok,' ging hij kalm verder. 'Dit moet zo onthutsend zijn.'

Hij legde uit dat Cecile tijdens die zwangerschap nog met Frederic was getrouwd, dat relaties in die tijd natuurlijk wel heel vrij waren, maar dat onechtelijke kinderen niet welkom waren. 'Vanwege de reputatie van de school leek het haar beter als ze je afstond. Frederic heeft het nooit geweten. Ze heeft je gekregen in Genève, zogenaamd tijdens een maandenlange cursus hospitality management.'

Puck hoorde zijn stem, begreep de woorden, maar geloofde ze niet. Ze pakte haar thee op en kneep de beker bijna fijn. Elk woord dat hij had gezegd had pijn gedaan. Alsof ze tientallen messteken in haar buik had gekregen. Was ze echt een ongewenst kind, afgedankt tijdens een managementcursus?

Simon keek haar strak aan, wachtend op een reactie.

Puck wilde gillen, schreeuwen dat hij een leugenaar was en de hete thee door de kamer gooien. Maar ze zat daar maar, roerloos en zwijgend.

Nu stond Simon op. Zijn lange, slanke lichaam bewoog als een reiger, maar dan nog trager. Hij kwam voorzichtig naast haar staan, zijn blik was vol begrip. Bewust dat elke beweging fout bij haar binnen kon komen. 'Niemand weet het verder. Matz en Nicole ook niet. Ze heeft het mij pas verteld op onze huwelijksnacht. O, wat had ze een verdriet over jou. Je hebt geen idee. Ze heeft je je hele leven op een afstand gevolgd en hield net zo'n archiefje bij over jou als over Matz en Nicole. Ordners vol. Al je artikelen, foto's van je prijzen en zelfs de doek waarin je na je geboorte was gewikkeld. Ze heeft je nooit losgelaten. Geloof me. Ze miste je elke dag.'

Misschien had ze moeten huilen, zich aan Simon vast moeten klampen en vooral veel vragen moeten stellen. Maar ze bleef stokstijf zitten en zweeg. Nu streelde hij kort haar schouder en ze voelde zijn zachte kasjmier trui langs haar nek glijden. Ze wilde niet dat hij zo dichtbij kwam, maar ze kon niets zeggen. Ook niet dat ze liever alleen gelaten wilde worden.

'Ik voel je weerstand. Natuurlijk wil je niet dat het waar is,' zei hij met een kalmerende stem. Hij bleef proberen verbinding te maken. 'Toen ik het hoorde geloofde ik het ook niet. Hoe had ze dat al die jaren kunnen verbergen? Maar je moet het zien in het licht van die tijd. Ze kon toen niet anders. Ze had geen alternatief. Anders was alles kapotgegaan. Haar huwelijk, haar leven, het leven van Nicole en Matz en natuurlijk de school. Ze had alles verwoest als ze eerlijk was geweest over jou.'

En ik dan? Was mijn leven dan niet verwoest, wilde Puck vragen, maar ze schudde zich los en stond zwijgend op. Hier kon ze niet blijven.

'Wil je weten wie je vader is?' vroeg Simon terwijl hij weer ging zitten.

Ze keek hem lang aan. Hij leek te hunkeren naar een reactie van haar, maar ze schudde alleen haar hoofd en liep de kamer uit.

over haar haar. ‘Het komt goed schat. Ik weet niet wat je precies allemaal bedoelt. Maar het komt goed. Ik ben er. Ik help je.’

Ze stonden dicht tegen elkaar aan. Ze probeerde niet meer te praten, maar alleen door diep adem te halen haar spieren te ontspannen. Zijn handen wreven troostend over haar rug.

‘Wat doe jij ook hier zonder jas? Waar was je naar op weg? Zocht je mij?’ vroeg hij, maar hij leek ook even geen antwoorden te verwachten.

Op het moment dat haar lichaam tot rust kwam, liet hij haar los en keek haar onderzoekend aan. ‘Nou, vertel, wat is er gebeurd?’

‘Ben ik niet gevolgd?’ was het eerste wat ze vroeg. ‘Heb je ergens een kleine man gezien? Met legerkistjes.’

Hij schudde zijn hoofd. ‘Nee, niemand. Alleen jij. Hier komt sowieso nooit iemand. Daarom zit ik ook in deze berghut ondergedoken. Hoezo? Waarom denk je dat iemand jou achternazit?’

‘Dat denk ik niet. Dat is zo.’ Ze keek om zich heen en zag in de rotswand een kleine inham, misschien was het wel een grot. ‘Zullen we eerst daar even gaan zitten? Ik ben doodop. En ik heb het koud.’

‘Nee, kom, laten we naar mijn hut gaan. Daar is het lekker warm. Ik heb de haard aan. En ik zal je nog verder opwarmen.’ Hij probeerde haar op haar mond te zoenen, maar ze trok zich meteen terug.

‘Nee, dat kan niet! Echt niet.’ Ze deed nog een stap naar

achter. 'Kom eerst even bij me zitten. Er is veel te vertellen.'

Ze liep al naar de grot, maar Matz bleef staan. Sprakeloos, zichtbaar haar afwijkende reactie aan het verwerken.

'Kom nou gewoon met mij mee,' zei hij uiteindelijk. 'Deze plek is echt minder comfortabel.'

Maar ze was al bij de ingang van de grot en ze liet zich langzaam door haar knieën zakken. 'Ik zit al, en het is best goed te doen.'

'Koppig wezen.' Hij glimlachte en ploegde door de diepe sneeuw naar de grot. 'Vooruit, maar alleen als je mijn jas aandoet.'

'En alleen als jij belooft niet te schrikken.'

Matz trok zijn wenkbrauwen op. 'Nu maak je me wel heel nieuwsgierig.'

Hij legde zijn dikke jas over haar schouders en op het moment dat hij naast haar schoof begon ze te praten. Eerst vertelde ze over haar buurman die haar volgde, maar ze liet zijn naam nog achterwege. Matz reageerde onthutst, riep dat ze onmiddellijk naar de politie moest gaan. Dat het echt griezelig was dat iemand haar vanuit Leiden hierheen was gevolgd. Dat het waarschijnlijk een stalker was. Daar was ze het natuurlijk niet mee eens, maar ze vond het wel fijn dat Matz haar observaties niet in twijfel trok en meteen geloofde dat hij bestond. Ze beloofde de politie straks over hem in te lichten, al zei ze niet dat hij Solovjov heette, net als de omgekomen tweeling. Ze moest eerst het meest heftige nieuws met hem delen.

Langzaam begon ze het in te kleden. Dat ze Leon had gesproken, dat hij veel wrok koesterde tegen Matz. Dat ze het daarom zelf eerst ook niet geloofde, maar dat Simon het meteen had bevestigd.

'Wat dan? Weten ze meer over mijn moeders moordenaar?'

'Ónze moeder.' Ze zei het zo langzaam maar zo helder mogelijk. 'Matz, ze is ónze moeder.'

'Wat?' Alsof ze ineens besmettelijk was, schoof hij meteen twee meter van haar vandaan. 'Hoezo ónze?'

'Cecile is tweeënveertig jaar geleden vreemdgegaan,' zei ze zo kalm mogelijk. 'Ze werd zwanger van mij, en heeft me afgestaan. Mijn moeder heeft me daarna geadopteerd.'

'Wat een onzin!'

Hoewel ze zelf eerst precies zo had gereageerd, deed zijn reactie toch pijn. 'Ik geloof eigenlijk nu wel dat het waar is.'

'Waarom geloof je dat? Dit is een totaal absurd verhaal.'

Ze staarde voor zich uit. Een eekhoorn sprong de open plek op. 'Ik vrees toch dat het de waarheid is.'

'Natuurlijk niet. Het zijn roddels. Je hebt geen idee wat ze allemaal over ons verzinnen. Echt niet, en...'

'Matz.' Ze pakte zijn arm. 'Volgens Simon heeft ze het hem zelf verteld. Jouw moeder, op hun huwelijksnacht. Nou ja, onze... onze moeder dus.'

'Aha, Simon,' herhaalde hij langzaam alsof dat plotseling de belangrijkste informatie is. 'Wanneer?'

'Vanochtend, ik wilde...'

'Daar beweegt wat,' fluisterde hij ineens en hij trok haar verder de grot in. 'Kijk, is dat die vent?'

Ze tuurde naar de bosrand, maar ze zag nog geen takje bewegen. 'Ik zie niets. Is het geen eekhoorn?'

'Nee, daar.'

Ze zag nog steeds niets, maar kroop samen met Matz toch nog wat verder de donkere, vochtige grot in. Hij legde een vinger op haar mond, gebaarde dat ze stil moest zijn en bleef zelf ook roerloos zitten. In de duisternis kon ze alleen nog het wit van zijn ogen zien. Haar hart klopte in haar keel. Dit voelde niet goed, ze moesten nu de politie bellen. In een reflex greep ze naar haar mobiel in haar broekzak, maar bedacht dat ze die eerder al had verloren. Op dat moment zag ze plots wel weer de eekhoorn op de open plek scharrelen.

'Kijk nou, toch een dier,' zei ze opgelucht.

'Jezus, je hebt me helemaal opgefokt.' Hij grinnikte. 'Ik dacht echt dat die vent hier zat. Nou goed, *never a dull moment* met jou.'

'*Runs in the family*, zullen we dan maar zeggen.' Ze blies haar handen warm. 'Maar goed, terug naar Simon. Hij zei dus dat…'

'Trouwens, nog iets. Voor ik het vergeet.' Hij greep naar zijn jaszak en hield ineens haar iPhone omhoog. 'Was je deze niet kwijt?'

'Hè, waar heb je die gevonden?'

'Hij lag onder een boom, ik denk dat je hem net bent verloren. Toen je zo hard voorbij rende.'

'Ah, dan kan ik je meteen laten horen wat Leon heeft gezegd. Ik heb ons gesprek deels opgenomen.' Ze wilde haar mobiel aanpakken, maar hij gleed uit Matz' handen en viel in een laag bladeren en vochtige aarde. Haar vingers tastten over de bodem en ze stootte tegen iets rubberachtigs. Even dacht ze dat ze haar telefoonhoesje voelde, maar begreep toen dat ze een zool te pakken had.

'Gatver, er ligt hier een schoen,' zei ze terwijl ze de zool opzij wilde duwen, maar de schoen zat muurvast. 'Het lijkt wel alsof hij...'

Ineens begon ze te gillen en stoof naar achter.

'Wat?' vroeg Matz.

'Daar ligt iemand!'

Ook Matz dook in een reflex weg, maar kroop daarna op handen en voeten dichterbij. Hij deed de zaklamp op zijn telefoon aan en scheen de donkere grot in. De kleine lichtbundel bewoog zenuwachtig over de hoop troep. Eerst dacht ze dat het toch een stapel takken was, maar toen zag ze inderdaad een lichaam liggen.

'Leeft hij nog?' vroeg ze toen Matz de takken verwijderde.

Hij schudde zijn hoofd. 'Hij is helemaal stijf, ijskoud. Of wacht...'

'Wat?'

'Het is een vrouw.' Met een grote zwaai schoof hij de troep van het lichaam af. 'Nee, het is...'

Hij zweeg, maar hij hoefde ook niets meer te zeggen. Puck herkende haar broek meteen. De stof was gescheurd, deels aangevreten en zat onder de vlekken. Maar het logo van Chanel was nog goed zichtbaar.

'O nee, Nicole,' fluisterde ze en ze pakte Matz' hand. 'O, arme, arme Nicole.'

29

Eindelijk zag ze de zon door de open ramen opkomen. Ze had vannacht nauwelijks geslapen en had vanochtend vroeg alvast de luiken opengezet. De dag van gisteren was de hele nacht als een slechte film op herhaalstand voorbij blijven komen. Zoals de beelden van een totaal ontredderde Matz met zijn lege blik, trillende handen en verstijfde motoriek. En van de politie die door hun verhalen over Nicole en Solovjov in paniek leek te raken en duidelijk niet in staat was het onderzoek goed op te pakken.

'Eerst is mevrouw Puiset vermoord en dan nu haar arme dochter. Beiden door hun hart geschoten, van zo dichtbij. Hoe kan dit?' De leider van het onderzoeksteam liep rondjes door de kamer, terwijl hij constant de feiten herhaalde. Als een hond die in een kennel zat opgesloten en niet kon inschatten wat er boven zijn hoofd hing. Hij had wel direct om versterking uit Zürich gevraagd, van de nationale politie, maar hij had per ommegaande te horen gekregen dat recherchebijstand nog wel drie dagen kon duren.

'Drie dagen,' had hij onthutst herhaald. 'Dan vallen er misschien nog wel twee andere lijken uit de kast.'

Puck had de opmerking nogal ongepast gevonden, maar Matz had niet gereageerd. Hij verkeerde in een soort shock en zelfs toen ze met hem mee was gelopen naar de school had hij weinig gezegd. Over hun moeder was ze niet meer begonnen. Het leek wel alsof Nicoles dood voor hem de druppel was geweest en hij volledig was dichtgeslagen. Ze had hem nog nooit eerder zo meegemaakt, zo weg van de wereld.

Op haar voorstel nog een hapje te gaan eten had hij alleen zijn hoofd geschud. Hij zei zich niet voor te kunnen stellen ooit weer eetlust te krijgen. En op haar vraag of hij dacht dat haar buurman iets met de moorden te maken kon hebben, reageerde hij niet eens meer. Als in een trance was hij zwijgend door blijven lopen.

Simon had ze bij de school niet meer gezien, alleen Youri stond hen bij de deur op te wachten. Hij had haar weer geïrriteerd aangekeken. Waarschijnlijk had hij net gehoord dat ze Simon toch had bezocht. Maar hij had niets vervelends gezegd en had Matz rustig opgevangen. Met een arm om hem heen en hem zacht toesprekend had hij hem naar binnen geloodst en Puck was enigszins gerustgesteld terug naar het hotel gelopen.

Ze was nog geen half uur op haar kamer geweest toen Helga langs was gekomen met een kop soep. De receptioniste die eerst zo nors was, maar zich sinds de storm als een goede vriendin gedroeg, was bij de deur blijven staan, duidelijk behoefte hebbend aan een praatje. Vol ontzetting had ze naar de details van de recente gebeurtenissen geluisterd. Dat ze met de dood van Nicole eigenlijk zelf ook een halfzus had verloren, had Puck haar nog maar niet verteld.

'Dat dat allemaal in ons rustige dorpje gebeurt,' had Helga een paar keer vol ongeloof herhaald. 'Waar gaat dat heen?'

's Nachts had Puck haar lichten niet uit durven doen. Ze was doodsbang voor de duisternis geweest, want ze wist dat ze dan Nicoles lichaam weer voor zich zou zien. Vooral het beeld van haar opengereten buik bleek vastgeroest in haar gedachten te zijn. Een roofdier had haar zus' lijf zichtbaar goed te pakken gehad. De afgekloven ribben die eruit staken, het geronnen blauwige bloed. Het was zo vreselijk geweest. Drie agenten hadden moeten sjorren aan haar lichaam om haar uit de nauwe grot te krijgen. Puck had het niet willen zien, maar ze kon ook niet wegkijken. Het was haar zus die daar lag. De zus die ze zo graag had willen leren kennen, maar die zo bruut om het leven was gebracht. Ze had haar daar niet alleen kunnen laten.

De rottende geur was in haar neus blijven hangen. Uiteindelijk had ze dus de luiken geopend, om frisse lucht op haar gezicht te kunnen voelen. Dat was het enige middel geweest om een beetje tot rust te komen. Daarna had ze af en toe zelfs een hazenslaapje kunnen doen.

Nu was het dus eindelijk licht aan het worden en kon ze

zo meteen om half acht meteen Ernest bellen. Ze moest na deze horrornacht echt iemand spreken uit de normale wereld. Freek had helaas nog steeds niet gereageerd. Ze nam het hem ergens heel erg kwalijk dat hij juist nu onbereikbaar was omdat hij zo nodig aan zijn muziek moest werken. Tegelijkertijd wist ze dat dat egoïstisch was, hij had al die jaren altijd voor haar klaargestaan. Ze moest het toch ook echt alleen kunnen.

Als een oude vrouw gleed ze voorzichtig uit bed. Haar spieren waren zo verstijfd dat ze eerst haar benen moest rekken om überhaupt te kunnen lopen. De spanning had zich voelbaar in elke cel van haar lichaam genesteld. Onder de douche overwoog ze of ze Ernest ook moest vertellen over de ontdekking van haar nieuwe moeder. Ze was steeds meer overtuigd dat het verhaal over haar afkomst echt waar was. De manier waarop Simon de versie van Leon had bevestigd had haar over de streep getrokken. Hij was zo kalm en meelevend geweest en het leek haar onwaarschijnlijk dat hij niet oprecht was geweest.

Terwijl ze haar haren in een handdoek draaide besloot ze dat het inderdaad verstandig was om Ernest er zoveel mogelijk bij te betrekken. Ze kon niet goed inschatten hoe alles zich ging ontwikkelen, maar als het hier uit de hand zou gaan lopen, had ze haar chef hard nodig. Hij hield niet van nare verrassingen, ze kon het maar beter nu allemaal vertellen. In de dikke badjas van het hotel kroop ze op bed en toetste zijn nummer in op haar mobiel. Gelukkig nam Ernest meteen op.

'Nou verdraaid zeg, nu belt mijn sterreporter zelfs al vóór de redactievergadering. Zo mag ik het zien. Een arbeidsethos waar de jeugd van tegenwoordig nog wel wat van kan leren.'

'Ook goedemorgen, Ernest,' zei ze snel. 'Ik heb alleen geen tijd voor koetjes en kalfjes.'

'Dat klinkt nog beter. Efficiëntie, daar hou ik van. Dat weet je, dus vertel maar. Wat kan ik voor je doen?'

Ze begon zo kalm mogelijk verslag te doen van de afgelopen vierentwintig uur en probeerde geen stap over te slaan. Ernest luisterde geduldig en stelde af en toe een scherpe vraag. Vooral de mogelijke link tussen de terroriserende Russen op de kostschool en de twee moorden vond hij nog erg vaag. Ze kon hem geen ongelijk geven. Ook zij kon nog geen duidelijke verbindingen leggen tussen de spionnen op Le Puiset, de Solovjov-tweeling, haar buurman en de dood van Cecile en Nicole.

'Behalve dan dat de Russen waarschijnlijk Cecile onder druk hebben gezet, misschien zelfs wel hebben gechanteerd,' analyseerde ze hardop. 'Maar of ze zover zijn gegaan om haar ook daadwerkelijk te vermoorden, dat weet ik niet. Het scenario dat Cecile iets had ontdekt wat de Russen verborgen wilden houden is misschien wel logischer.'

'Misschien wel ja. En die Youri?' vroeg hij door. 'Wat is dat voor een vent, waar komt die ineens vandaan? Je zei toch dat hij nog maar kort op de school werkte?'

Ze legde uit dat hij een kind was van gevluchte Russische ouders, zijn vader veroordeeld was als spion en dat hij als scheikundeleraar op de kostschool werkte.

'Dat is wel een opmerkelijke samenloop van omstandigheden. Wat zegt je intuïtie eigenlijk?' vroeg Ernest ineens.

Ze voelde zich trots dat hij haar journalistieke instinct aansprak. 'Nou, kijk, Cecile klinkt nogal statusbewust. Ik kan me echt voorstellen dat ze ver ging om schandalen te verdoezelen en dat dat bij de slachtoffers daarvan frustraties heeft opgeroepen. Of misschien zelfs wel tot wraak heeft geleid. Dat lijkt me goed mogelijk en ik denk dat mijn bron daar wel meer over kan vertellen. Youri zou een faciliterende rol kunnen hebben gespeeld.'

'Dat zou kunnen ja,' herhaalde Ernest. 'En je buurman dan? Hoe zou hij betrokken kunnen zijn?'

'Geen idee. Behalve dat hij ook Russisch is en waarschijnlijk familie van de Solovjov-tweeling, is hij nog een compleet raadsel voor me. Ik weet niet eens of ik wel bang voor hem moet zijn.'

'Nou, ik vind zwijgend een hand in je nek leggen best bedreigend.'

Ze lachte. 'Ja, best hè? Maar hij heeft zoveel kansen gehad om mij iets aan te doen en eigenlijk doet hij de hele tijd net niets.'

'Watje,' lachte Ernest met haar mee. Daarna was hij even stil. Ze hoorde dat hij driftig in zijn koffie roerde. 'Trouwens, je lijkt erg zeker te zijn dat Cecile schandalen wilde verbloemen. Waarom denk je dat eigenlijk?'

Ze zuchtte diep. 'Dat is een verhaal apart.'

'Ik luister.'

Ze begon rustig, maar bij elke extra zin raakte ze meer geëmotioneerd. Tegen de tijd dat ze onthulde dat Cecile haar biologische moeder was, bibberde haar stem en prikten haar ogen.

'Dat is niet niks,' reageerde Ernest neutraal en ze was hem er meteen dankbaar voor. Ze wilde geen hoofdrol in dit drama hebben of als slachtoffer behandeld worden. Ernest leek dat perfect aan te voelen. 'Je moeder vinden en haar tegelijkertijd verliezen, dat moet je wel even laten bezinken.'

Ze slikte haar opkomende tranen weg. 'Ja, het is vooral heel onwerkelijk.'

'En toevallig.'

'Wat?'

'Nou, dat je net op een persreis je biologische moeder vindt.'

'Eigenlijk wel ja,' zei Puck zacht. Samen zwegen ze, maar ze voelde dat hij met haar meeleefde. Soms zei een stilte meer dan troostende woorden.

'Moet je niet naar huis komen?' vroeg hij uiteindelijk. 'Even de tijd hiervoor nemen? Het is niet niets.'

'Nee, zeker niet. Maar ik blijf hier,' zei ze zo stellig mogelijk zonder te hard te praten. 'Ik merk juist dat schrijven helpt. Proberen om de waarheid te achterhalen werkt nu het beste voor me. Eindelijk voel ik me nuttig. Ik heb echt het gevoel dat de verhalen die ik hier kan ophalen ertoe doen.'

Weer zweeg Ernest even. Ze wist dat hij nu rondjes draaide in zijn bureaustoel. Dat hielp hem bij beslissingen nemen. 'Goed. Je mag daar blijven. Maar je moet me een ding beloven.'

'Natuurlijk, vertel.'

'Ik vermoed dat we nu nog maar het topje van de ijsberg zien. Het zou mij niets verbazen als dit spionageschandaal veel groter is. En uit alles blijkt dat ze nergens voor terugschrikken. Wie het ook zijn. En ik denk dat je buurman, hoe dichter je bij de waarheid gaat komen, je steeds banger zal proberen te maken. Hij wil je afschrikken. Je moet me verzekeren dat je hem niet zult provoceren. Echt, Puck, ik wil dat je geen enkel risico neemt.'

'Oké, afgesproken, ik neem geen enkel onnodig risico.'

'Puck, ik meen het serieus. Ik kom je halen als je...'

'Grapje, Ernest,' onderbrak ze hem snel. 'Ik zal voorzichtig doen. Echt.'

'Nou goed, dan wens ik je veel succes en go for it Puck. Maak er iets moois van!'

Ze hing op en merkte dat haar wangen gloeiden. Vooral van de opwinding. Ernests vertrouwen en zijn kritische vragen hadden haar nog enthousiaster gemaakt. Ze zat op het spoor van een reeks mooie verhalen. Een betere afleiding van je eigen sores kon je niet hebben.

Ze keek op haar wekker en zag dat ze nog een half uur had voordat ze Jelena kon bellen. Precies genoeg voor een klein ontbijt. Ze kleedde zich aan, pakte haar jas en sloot haar kamer af. In de eetzaal was ze de enige gast. Een jonge vrouw met een ouderwets schortje voor zette zwijgend haar koffie en een mandje broodjes neer. Puck vroeg haar meteen of Pierre vandaag ook werkte.

'Nee, die is ziek,' zei ze zacht. Haar bleke gezicht viel weg tegen de witte muur. Het maakte haar bijna onzichtbaar. 'Ik val voor hem in.'

Als een schim gleed het meisje de stille eetzaal uit. Een rilling gleed over Pucks rug. De lege ruimte deed haar denken aan het dieptepunt van de coronapandemie. Toen alle horeca en hotels uitgestorven waren en steden onbewoond leken. Sindsdien was ze huiverig geworden voor verlaten plekken. Het had iets dreigends.

Als afleiding pakte ze haar notitieblokje en begon namen op te schrijven van mensen die de mogelijkheid en wellicht ook de intentie hadden gehad de twee moorden te plegen. Haar buurman stond meteen bovenaan, daaronder schreef ze 'de Russen?' Want als de inlichtingendiensten een rol speelden, waren die twee gasten in haar hotel misschien wel de uitvoerders. Ze wilden tenslotte niet samen met hun vriendinnen het hotel verlaten, maar koste wat kost blijven.

Eigenlijk moest ze ook Leon en Mia op het lijstje zetten. Ze hadden toch ook een motief gehad. Maar meer voor de moord op Cecile dan die op Nicole. Sowieso kon ze de moord op Nicole nog helemaal niet verklaren. Cecile had mensen benadeeld, maar Nicole... wat had zij anderen ooit aangedaan? En dan zo weggestopt worden in een grot. Cecile hadden ze open en bloot in het bos achtergelaten. Het was duidelijk de bedoeling geweest dat ze snel werd gevonden. Maar Nicole... daarvan moest iedereen denken dat ze zelf was vertrokken. Waarschijnlijk hadden de daders ook nog dat nepberichtje vanaf haar mobiel gestuurd. Dat ze bij die ex-vriend was. Zou de politie kunnen achterhalen waar dat berichtje vandaan was gekomen?

Ze twijfelde of ze Youri ook op haar lijstje moest zetten. Ja, zijn achtergrond was verdacht, en hij had iets onhebbelijks, maar wat zijn motief dan precies zou moeten zijn kon ze eigenlijk niet bedenken. Voor de volledigheid zette ze hem er toch op. Net als de familie van bakkerij Earlybeck en zelfs Helga. Want de plotselinge ommezwaai in haar gedrag riep toch vragen bij Puck op.

En dan die arme Matz. Je moeder en zus verliezen en dan zelf ook nog eerst verdacht worden. Gelukkig leek de politie er gisteravond wel helemaal op terug te zijn gekomen. Zijn alibi's bleken te kloppen. Hij was ten tijde van de moorden met anderen geweest. De mensen bij de school hadden allemaal voor hem getuigd. Meerdere agenten hadden meteen hun excuses aangeboden. Wat netjes was, maar eigenlijk ook wel overdreven, ze hadden tenslotte gewoon hun werk gedaan. Ze had allang gemerkt dat de familie Puiset bij iedereen uit het dorp toch een soort onderdanigheid opriep, doordrenkt met frustratie. Alsof de Puisets lokale edelen waren, waar het plebs met gemengde gevoelens naar keek.

Plotseling begonnen de kopjes op tafel te rammelen en

klonk het lawaai van een helikopter. Alsof het ding spontaan uit de dorpsstraat was opgestegen. Ze hoorde dat hij eerst verder het dal invloog en daarna ineens hoger langs de berg leek te vliegen. Was dat richting de Eagle Club? Hadden ze daar nog meer mensen gevonden? Of nee, zo te horen vloog hij juist naar de chalets van de kostschool.

Puck sloeg haar notitieblokje dicht en pakte haar mobiel. Al was het pas half negen, ze kon Jelena nu vast al wel bereiken. Zij kon ongetwijfeld vertellen wat er aan de hand was. Maar ook nadat ze de telefoon voor de tweede keer over had laten gaan, nam het meisje niet op. Puck zag dat ze om 23.07 uur voor het laatst online was geweest. Best vreemd voor een puber om de digitale wereld zo lang te negeren.

Ze pakte een broodje uit de mand, greep haar jas van de stoel en snelde naar de uitgang. In haar ooghoek zag ze dat de receptie onbemand was. Helga had waarschijnlijk ook een dag vrij genomen. Ze liep langs het hotel, sloeg meteen de hoek om en zag dat de helikopter hoger op de berg inderdaad op het weiland voor de school was geland. Het leek een geel ambulancemodel. Haar nekspieren verkrampten. Wat nu weer?

30

Ondanks de steile weg en de dikke sneeuw probeerde ze rennend naar boven te komen. Maar door de ijle lucht was ze al snel buiten adem en leken de chalets van de school maar niet dichterbij te komen. Ze kon nu wel zien dat er twee verplegers een brancard naar buiten droegen. Tientallen leerlingen hingen uit de ramen om te zien wat er gebeurde. Het leek erop dat er iemand ingesnoerd onder een reddingsdeken op de brancard lag.

Verdomme, wie kon dat nou weer zijn? Was Simon onwel geworden? Op het moment dat ze het besneeuwde weiland voor de school op liep, begonnen de kinderen naar haar te roepen en te gebaren dat ze moest duiken. Nu hoorde ze ook dat de helikoptermotoren versnelden en dat hij elk moment kon opstijgen. Ze dook in elkaar om geen obstakel te zijn, en terwijl de helikopter langzaam opsteeg stoof er steeds meer sneeuw in haar gezicht. Ze moest met beide handen haar ogen bedekken tegen de snijdende ijskristallen. Toen ze opkeek zag ze Matz voor de ingang staan. Hij wenkte haar.

Opgelucht dat in ieder geval haar broer niet gewond was, liep ze zo vlug mogelijk verder.

'Wat is er gebeurd?' vroeg ze toen ze op gehoorafstand was gekomen.

'Een groot drama.' Zijn stem klonk minder vlak dan gisteren. 'Er is vannacht een kamerfeestje totaal uit de hand gelopen.'

Ze volgden samen de helikopter en toen hij was verdwenen, streelde ze even zijn arm. 'Jeetje, wat een puinhoop. Juist nu. Wie is er dan net weggevoerd?'

'Een meisje dat zichzelf in coma had gezopen. Ongelofelijk. Een halve liter wodka, hoorde ik. Wat dacht ze dan? Dat ze het er wel even uit kon kotsen? Ze gaan in Zürich nu proberen om haar maag leeg te pompen.'

'Hopelijk zijn ze op tijd.'

'Ja, hopelijk wel. Voorlopig hebben we als straf alle meisjes en jongens apart op slaapzalen gelegd. Geen eigen kamers meer. Ellendige pubers!'

'Waren het weer die Russische kinderen?'

Even trok hij zijn wenkbrauwen op. 'Hoe weet je dat? Ja, het was ook een Russisch meisje dat werd afgevoerd. Je hebt haar eergisteren trouwens al eens gesproken. Jelena, weet je nog?'

'Wat? Ligt zij in coma?' Haar gedachten gingen razendsnel. Jelena, haar onmisbare bron. Die op Pucks aandringen naar gevaarlijke informatie had gezocht. Zij had haar die risico's laten lopen. Ze had haar in gevaar gebracht. Natuurlijk was ze niet uit zichzelf met de kinderen gaan drinken. Ze vond het allemaal eikels. 'Ik denk niet dat ze het zelf heeft gedaan.'

'Wat bedoel je?' vroeg Matz terwijl hij voor haar het chalet binnenging. 'Drinken moet je toch echt zelf doen.'

Ze liepen door de verlaten gang. Aan weerszijden waren de studentenkamers leeg. 'Ik denk dat ze is gedwongen. Door de andere Russische leerlingen. Omdat ze mij vertelde over hun escapades.'

Matz bleef staan en keek haar aan. Zijn linkerooglid trilde. 'Ik zal niet doorvragen wat je precies bedoelt. Ik weet hoe belangrijk bronbescherming voor je is. Maar als je wel iets kwijt wilt, in onze eetkamer is een rechercheur aan het werk. Hij heeft al wat leerlingen geïnterviewd. Wellicht kun je hem een aantal hints geven.'

'Loop je mee?'

Hij schudde zijn hoofd. 'Simon stuurde me net een bericht. Hij zit op kantoor en heeft voortdurend onrustige ouders aan de lijn. Ik moet hem even helpen. Sinds Nicoles dood is hij helemaal de weg kwijt. Daarna gaan we echt even samen praten, hoor.'

'Dat zou ik fijn vinden,' zei ze terwijl ze de trapleuning vastpakte. 'We hebben nog zoveel te bespreken.'

'Absoluut.'

Matz wandelde snel door en ze liep over de rode loper naar boven. Uit de eetkamer klonken nu geen muziekklanken maar slechts het getik op een toetsenbord. Ze klopte op de openstaande deur en liep naar binnen. Meteen deed ze een stap terug en greep naar de deurpost.

Daar zat hij gewoon te werken. Alsof het de normaalste zaak van de wereld was.

'Wat doe jij hier?' riep ze in het Nederlands.

Haar buurman keek op en leek oprecht verbaasd te zijn haar te zien.

'Kan ik dat niet ook aan jou vragen?' vroeg hij. Zijn Nederlands was verrassend goed, al had hij duidelijk wel een Russisch accent. 'Ik kom je echt overal tegen.'

'Nee! Je komt me niet tegen. Je volgt me!'

'Waarom zou ik?'

Haar oren suisden. Dit was absurd. De omgekeerde wereld. Wat had die vent een lef. 'Je bent overal! In Leiden, in de trein, in het bos, op straat, gisteren pakte je me zelfs vast.'

'Ik heb je nooit vastgepakt.' Hij schudde zijn hoofd. 'Zoiets zou ik nooit doen.'

'Onzin! Je joeg me de stuipen op het lijf. Bewust.'

Hij klapte zijn laptop dicht en keek haar recht aan. Zijn kleine ogen leken van dichtbij wel kraaltjes. Helemaal niet dreigend meer, eerder meelevend. 'Vervelend dat je dat zo hebt ervaren. Ja, ik volg je. Maar nee, ik wilde je geen angst aanjagen. Ik deed gewoon mijn werk.'

'Je werk? Wat doe je dan in godsnaam?'

'Ik ben agent.'

Puck schoot in de lach. 'Agent? Echt, doe normaal. Ik ben dan misschien lichtelijk naïef, maar niet stom. Ik weet dat je Solovjov heet en...'

Ineens stond hij op. 'Wie heeft je dat verteld?'

Zijn kleine lichaam leek in de kamer breder dan buiten op straat. In een reflex deed ze meteen een stap naar achter. 'Nou, dat was niet lastig te vinden,' stamelde ze. 'Ik...'

Plotseling klonken van beneden luide kreten, alsof er werd gevochten. Ze hoorde gerinkel van glas en dreunende stappen. Matz' zware stem klonk er nog net bovenuit. Hij riep haar naam! En zonder nog iets tegen haar buurman te zeggen rende ze de gang op. Met twee stappen tegelijk nam ze de trap naar beneden richting de woeste geluiden. Ze wilde op tijd zijn, al had ze geen idee waarvoor.

31

Ineens verstomden de kreten weer, maar ze wist zeker dat het uit de kamer aan het eind van de gang was gekomen.

'Matz?'

Niemand reageerde. Het was nu ijzig stil. Ze hoorde alleen haar eigen voetstappen. Waar was iedereen toch? Ze keek achterom en zag dat ze alleen was. Niemand anders was op het gevecht afgekomen. Ook haar buurman was nergens te bekennen. De piep in haar oren werd erger en ze wreef over haar gezicht. Hoe was ze hier nou weer in verzeild geraakt? Dit gedeelte van de kostschool leek volkomen verlaten. Hadden ze alle studenten hier inderdaad weggestuurd?

'Matz!' riep ze nog eens. 'Simon? Zijn jullie daar?'

Ze hoorde zacht gekreun en op haar tenen liep ze verder. De kamerdeur stond open. Met grote krullende letters stond er *Dean* op geschreven. Simons werkkamer dus. Moest ze om hulp roepen? Al leek dat echt volkomen kansloos. Wie zou haar hier nou kunnen komen helpen?

Alsof ze in een slechte actiefilm acteerde sloop ze dicht langs de muur, in de hoop dat de kerels haar vanuit de kamer niet zouden zien aankomen. Opnieuw hoorde ze gekreun en het leek alsof iemand haar riep. Voorzichtig keek ze om de deurpost.

'Nee,' gilde ze meteen en ze stoof naar voren. Daar op de grond, naast het bureau, lag Matz. Bewusteloos, met straaltjes bloed sijpelend langs zijn gezicht. 'Matz? Kom op, Matz! Wat is er gebeurd?'

Ze liet zich op haar knieën naast hem vallen en pakte zijn hand. Het leek alsof ze een zak gevuld met losse botten vasthield. Alle kracht was uit zijn lijf verdwenen. 'Matz?'

Ze zag zijn ribben langzaam op en neer bewegen. Snel spuugde ze op een punt van haar shirt en behoedzaam begon ze zijn gezicht te deppen. Uit de wond boven zijn oor drupte nog wat bloed.

'Laat hem maar even,' klonk een diepe stem achter haar. 'Hij komt zo wel bij.'

Met een ruk draaide ze zich om. 'Youri! Ik schrik me rot.'

De lange Rus stond wijdbeens in de hoek van de kamer. Naast hem lag een kapotgeslagen tafeltje. De lijnen in zijn gezicht stonden strak, zijn voorhoofd was bezweet. 'Sorry, ik riep je, maar je leek me niet te horen.'

'Wat is er met Matz gebeurd?'

'Tegen de grond geslagen. Hij is bewusteloos. Ik heb 112 al gebeld.'

'Wat gebeurt hier toch?' vroeg ze terwijl ze Matz' voorhoofd schoonveegde. Nu pas zag ze dat Youri met een plastic zak een houten poot in zijn hand hield. Haar nekspieren verstijfden. 'Wat heb je daar?'

Hij hield de tafelpoot omhoog. Puck zag dat er bloed op zat. 'Die lag naast hem.'

'Naast hem?' Ze schoof naar achter. Ineens zag ze het beeld voor zich. Youri en Matz in gevecht, misschien om wat er met Jelena was gebeurd. Youri die Matz tegen zijn hoofd sloeg. 'Waar is de dader dan?'

Youri schudde zijn hoofd en legde de poot in de zak op de grond. 'Geen idee. Ik hoorde geschreeuw, maar toen ik hier kwam lag Matz er al zo bij.'

'Gelul.'

'Wat? Denk je dat ik hem...'

'Ja, dat denk ik!' onderbrak ze hem schreeuwend. 'En je blijft daar. Niet bewegen.'

Ze begon om hulp te roepen terwijl ze naar de mobiel in haar zak graaide. Youri maakte wat kalmerende gebaren en probeerde haar te sussen, maar hij bleef gelukkig staan. Haar bloed racete door haar lijf. Ze had hem al vanaf het begin verdacht gevonden, waarom had ze nou niet naar haar instinct geluisterd?

'Puck?' klonk plots een zwakke stem naast haar. Matz bewoog zijn benen en probeerde omhoog te komen. Meteen viel hij terug op zijn rug. 'Au, o Puck.'

'Gaat het?' Ze boog zich over hem heen. 'Je kunt beter blijven liggen. De ambulance komt zo.'

'Koppijn,' murmelde hij en hij greep naar de wond. 'Jezus, ik bloed.'

'Het valt volgens mij gelukkig wel mee,' zei Youri kalmerend en hij wilde dichterbij komen.

Puck hief direct beide handen op. 'Waag het niet, blijf daar.'

'Maak je niet druk, ik doe echt niets. Bovendien hoor ik de sirene al dichterbij komen,' ging Youri onverstoorbaar verder terwijl hij haar bijna minachtend van bovenaf aankeek. 'En Matz, weet je zelf nog wat er is gebeurd?'

'Simon,' mompelde Matz. 'Hij draaide helemaal door.'

Ze schoot omhoog. 'Wat? Simon? Hoezo?'

'We kregen ruzie. Ik vond Nicoles mobiel in zijn bureaula.'

Puck keek naar het bezorgde gezicht van Youri en in de van pijn vertrokken ogen van Matz. Haar gedachten flitsen heen en weer. De telefoon van haar vermoorde zus in handen van Simon. Daarmee was dat berichtje gestuurd. Dat kon alleen maar betekenen dat hij al die tijd Nicoles mobiel in handen had gehad, dat hij dus wist dat ze echt was verdwenen.

'Nee, niet Simon. Hij zou haar toch niet hebben vermoord?' vroeg ze uiteindelijk. 'Hij leek echt van haar te houden.'

'Ik weet het, ik kan het ook niet geloven.'

'Helaas is niet altijd alles wat het lijkt,' zei Youri terwijl hij naar de deur liep.

'Ja, en jij kunt het weten.' Nu duwde Matz zich toch overeind en Puck ondersteunde zijn rug. Hij wierp haar een dankbare blik toe. 'Youri hier blijkt voor Europol te werken.'

Ze keek naar de Rus die nu in de deuropening bleef staan. 'Jij?'

'Lang verhaal. Maar Matz heeft gelijk, normaal werk ik voor de nationale Zwitserse politie, alleen ben ik nu tijdelijk uitgeleend aan Europol. Voor een speciaal onderzoek.'

Voordat ze kon vragen wat hij dan hier deed, hoorden ze stevige voetstappen de gang in komen. In het Duits werd geroepen om Youri en Matz.

'Hierheen,' reageerde Youri snel en vanuit de deuropening wenkte hij ze Simons studeerkamer in. Twee stevige broeders kwamen met een brancard naar binnen en terwijl ze haar toeriepen dat ze aan de kant moest gaan, begonnen ze razendsnel Matz te verzorgen.

Ze keek naar Youri die tegen de deurpost leunde en op zijn mobiel typte. Zijn donkere wenkbrauwen waren samengetrokken, zijn blik nog steeds bezorgd. Hij keek op en zag dat ze hem bestudeerde.

'Ik licht mijn Zwitserse collega's in,' zei hij en hij tikte op zijn telefoon. 'Ze doorzoeken op dit moment de chalets. Ik heb ze nu Simons beschrijving gestuurd.'

Matz kreunde toen de broeders zijn hoofd wilden verbinden. Ze hoorde dat ze onderling overlegden dat ze hem beter toch mee konden nemen.

Ze liep naar Youri toe. 'Denk je echt dat Simon dat heeft gedaan?'

'Het kan,' zei hij en haalde zijn schouders op. 'Ik ben wel

verbaasd, ik had het zelf niet zo ingeschat.'

'Ondanks je ervaring.'

Nu glimlachte hij. Zijn ogen stonden ineens vrolijker. 'Ja, ook oude rotten kunnen verrast worden.'

'Je kunt zeker niet zeggen met wat voor onderzoek je hier bezig was?'

'Nee, maar ik heb vanochtend wel aan Matz verteld dat ik hier undercover werkte. Ik vond Jelena's coma verdacht en...'

'Ja, vond je dat ook?' Puck voelde dat haar wangen begonnen te gloeien. 'Ze leek mij nou helemaal niet het type dat zich in een coma zou zuipen. Doe je trouwens hier onderzoek naar de Russische inlichtingendienst?'

Zijn mond trok strak en zijn blik werd serieus. Zijn ogen leken gaten in haar gedachten te boren. 'Hoe kom je daarbij?'

'Meneer?' vroeg een van de broeders en hij wenkte Youri. 'Kunt u even helpen? De ruimte is te klein. We hebben moeite meneer hier op de brancard te krijgen.'

'Wacht even,' fluisterde Youri tegen haar, alsof ze van plan was te vertrekken. Maar het was duidelijk dat ze met haar vraag een gevoelige snaar bij Youri had geraakt. Hij bleef haar vanuit zijn ooghoeken in de gaten houden. Met zijn drieën kregen ze Matz heel makkelijk op de brancard gehesen en de broeders rolden hem naar de deur.

'Bent u familie?' vroeg de langste van hen.

Ze zocht oogcontact met Matz en hij knikte haar bemoedigend toe.

'Ja, ik ben zijn zus,' zei Puck en ze voelde zich onverwacht trots.

'We nemen hem toch even mee ter controle. Hij ligt in het lokale ziekenhuis in Obersimmental-Saanen. U kunt later vanmiddag bellen om te vragen hoe het met hem gaat.'

'Dat zal ik zeker doen,' zei ze en ze pakte Matz' hand. 'Kan ik hier nog wat voor jou betekenen?'

Hij mompelde iets wat ze niet kon verstaan en ze boog zich dichter naar hem toe.

'In mama's kamer. Schuif de linkerboekenkast weg. Voor antwoorden,' zei Matz zo zacht dat ze niet zeker wist of ze het wel goed had gehoord. Maar ze kon hem niet vragen het te herhalen, de broeders reden de brancard al weg. De gang was te smal en ze moest achter hen aan lopen.

Buiten stond de ambulance al open en ze schoven de brancard er meteen in.

'Ik bel je,' zei ze terwijl ze een klopje gaf op zijn ingepakte benen. 'Alles komt goed.'

Maar Matz reageerde niet meer. Hij had zijn ogen gesloten en wreef met beide handen over zijn borst. Waarschijnlijk een poging om zichzelf gerust te stellen.

Pas toen de ambulance wegreed, zag ze dat daarachter nog een politiebusje stond. Op de achterbank zat Simon. In elkaar gedoken, met aan beide kanten een agent. Alsof de allergrootste misdadiger werd afgevoerd.

'Nou, hem hebben ze gelukkig snel gevonden,' zei Youri die naast haar kwam staan.

'Ik kan er echt niet bij. Waarom zou hij het toch hebben gedaan?' vroeg ze terwijl ze naar het politiebusje bleef kijken. 'Hij leek zo'n lieve, warme man. Gek op zijn vrouw en stiefkinderen.'

Youri schudde zijn hoofd. 'Niet te zeggen. Motieven lopen vaak zo uiteen. Het kan natuurlijk heel plat om de erfenis gaan. Er schijnt een trust te zijn.'

Ze keek hem aan. 'Geloof je dat echt?'

'Nee, ik ben daar helemaal niet zo zeker van. Hier speelt veel meer, met ontelbare losse eindjes. Ik vermoed dat er iets heel anders aan de hand is. Iets groters, wat ik nog niet goed in de gaten heb.'

Ze stonden zwijgend naar zijn collega's te kijken, die heen en weer liepen met spullen van Simon. Zijn laptop, dossiermappen en losse spullen als een verroeste hakbijl en een antiek pistool kwamen voorbij. Alles was hermetisch in plastic ingepakt.

Eigenlijk zou ze Youri over haar moeder moeten vertellen, bedacht ze. Of zou hij het allemaal al weten? Misschien wist hij zelfs al wel meer dan zij. Hij had helemaal niet verrast gereageerd toen ze de broeders vertelde dat ze de zus van Matz was.

'Het is allemaal zo onlogisch,' doorbrak hij haar gedachten. 'Waarom hebben ze Cecile bijvoorbeeld zo open en bloot achtergelaten en was Nicole zo ver weggestopt? Want beiden zijn wel op precies dezelfde manier door hun hart geschoten.'

'Ja, daar kom ik ook niet uit,' zei ze en ze probeerde de

juiste woorden te vinden om hem te vertellen dat het hier waarschijnlijk om haar eigen familie ging. Maar een agente in een te krap uniform kwam hun kant op.

'Youri, kom je ook mee?' vroeg ze terwijl ze naar een onopvallende grijze Golf wees die naast het politiebusje geparkeerd stond. 'Je kunt met de rechercheurs meerijden.'

'Dat was ik wel van plan, ja,' zei hij meteen en hij draaide zich naar haar toe. 'Nog sorry van net. Ik kan me voorstellen dat mijn plotselinge gedaantewisseling nogal rauw op je dak is gevallen, maar ik kan vanwege het onderzoek dat nog loopt verder weinig zeggen.'

'Ben je hier dus voor een ander onderzoek dan de moorden?' vroeg ze.

Hij knikte alleen. 'Dat ik hopelijk wel snel kan afronden, dan wordt vanzelf meer duidelijk. Maar belangrijker, ben jij hier oké? Vind je het erg als ik wegga? Of kan ik nog iets voor je doen?'

'Nee dank je,' zei ze, maar dacht ondertussen aan alle antwoorden die hij zou kunnen geven op zoveel vragen die nog door haar hoofd spookten. Ze besloot dat het voor nu verstandiger was als ze eerst zelf op onderzoek uit ging. En die rare tip van Matz dat ze in Ceciles studeerkamer moest kijken, kon een goed begin zijn. 'Ik blijf hier nog even rondhangen en zal dan wel wat opruimen. Weet de grootmoeder van Jelena eigenlijk al dat ze in het ziekenhuis ligt?'

'Haar grootmoeder? Die leeft allang niet meer,' zei Youri terwijl hij zijn jack dichtritste. 'Maar ik ben haar contactpersoon. Zodra het ziekenhuis belt met een update zal ik je een berichtje sturen.'

'Ja graag, heb je mijn nummer?'

Weer verschenen zijn pretoogjes en hij glimlachte breed. 'Wat denk je? Dat ik die basisinfo niet op orde zou hebben?'

Nog voordat ze een gevat antwoord kon bedenken, liep hij al naar de auto. En terwijl het politiebusje met sirene vertrok, merkte ze dat het idee dat hij haar nummer had, haar niet irriteerde maar juist onverwacht geruststelde.

32

Puck stond midden in de kleine, maar lichte ruimte. Een groot raam gaf uitzicht over het dal. Het bureau dat bij het raam stond, was van donker hout. Er lag een leren onderlegger op, met een vulpen er strak naast en een lege blocnote in de hoek. Het geheel oogde streng en zakelijk, zoals je je een kantoor van een ouderwetse boekhouder zou voorstellen. Maar toch zag ze ook meer vrouwelijke details. Gebloemde gordijnen, de boeken in de kast stonden op kleur en op een tafeltje stonden verse witte rozen. Helga-rozen als ze zich niet vergiste. Alles bij elkaar leek het alsof Cecile vijf minuten geleden haar kamer had verlaten. Ze rook zelfs een jasmijnachtige geur. Was dat de parfum van haar nieuwe moeder? Chanel misschien? Of was het de zeep die ze in bad gebruikte of gewoon, het wasmiddel voor haar truien?

Een diep gevoel van verlies overviel haar plotseling en ze liet zich in de stoel bij het raam zakken. Wat was het toch gruwelijk dat ze nu pas, na haar dood, haar moeder een beetje leerde kennen. Cecile was dus netjes geweest, of beter gezegd perfectionistisch. Daarin leken ze helemaal niet op elkaar. Maar die rozen, die had ze zelf precies zo uitgekozen. Al van jongs af aan had ze van rozen gehouden. Zou ze de geur van de rozen misschien onthouden hebben van de tijd dat haar moeder zwanger van haar was? Kon dat überhaupt? Stemmen wel, dat wist ze. En muziek ook. Die kon een baby in de buik horen. Zou haar moeder ook van oude soul hebben genoten? Zou ze naar Etta James, Aretha Franklin of Natalie Cole hebben geluisterd? En wat had ze tijdens haar zwangerschap gegeten? Misschien wel vaak kaasfondue hier in de bergen en hield Puck zelf daarom ook zo van kaas. En had haar moeder koffie ook niet lekker gevonden? En was ze net zo verslaafd aan chocolade als zij?

Verdorie, deze gedachten waren gekmakend. Haar moeder had een leven geleid waarvan ze geen seconde onderdeel was geweest en ze zou haar nooit meer echt leren kennen. Bovendien voelde elke gedachte aan Cecile ook nog eens als verraad aan haar echte moeder. De vrouw die haar wel al die jaren met zoveel liefde en engelengeduld had opgevoed.

En toch, ze wilde die kast wegschuiven. Ondanks alles moest ze proberen zoveel mogelijk over haar moeder te weten te komen. Ze liep naar de linkerkast die was gevuld met blauwe, groene en grijze boeken en zette zich schrap om hem met kracht te verschuiven, maar hij rolde onverwacht soepel naar de zijkant. Een oud houten deurtje verscheen. Puck zag afgebladderde verf, gaten van boktor en geen slot. Ze glimlachte. Dit deurtje vloekte met het perfectionisme van haar moeder.

Met haar nagels kreeg ze de deur open en ze moest bukken om een kleine kamer in te kunnen lopen. De ruimte was zeshoekig als een toren, met een raampje op kniehoogte. De kamer kreeg daardoor niet veel daglicht, maar ze kon wel onderscheiden dat op elke wand foto's hingen. Ze knipte het lampje op haar mobiel aan en volgde de lichtstraal over de muur. Het voelde alsof haar keel ineens werd dichtgeknepen. Hier hingen allemaal ingelijste foto's van haar leven. Stomme kiekjes met Freek die ze had gepost op Instagram, maar ook babyfoto's, beelden van haar schooltijd, haar turnwedstrijden en zelfs een paar van haar afstudeerfeest.

Hoe was Cecile hieraan gekomen? Had ze die stiekem verkregen? Had ze iemand opdracht gegeven die te verzamelen? Of logischer eigenlijk, had ze contact gehouden met haar adoptiemoeder? En haar af en toe om wat informatie gevraagd. Adoptiemoeder... in gedachten had ze mama al een nieuw label gegeven. Wat gebeurde er toch in haar hoofd?

Ze ging op de kleinste van de twee stoelen zitten en keek beter om zich heen. Deze hele kamer leek wel een altaar. Behalve de foto's was er ook een tafeltje met kaarsen en twee babyschoentjes. Verder stond op een kastje met een rij verstofte, genummerde ordners, een muziekinstallatie met cd's en een kinderkopje van klei. Alles bij elkaar leek de ruimte ondergedompeld te zijn in rouw, alsof ze al was overleden.

Puck klikte haar zaklampje uit en maakte een foto van het kamertje. Want Freek zou het niet geloven als hij het zelf niet kon zien. Daarna zakte ze wat verder onderuit in de stoel. Als ze nog enige twijfel had gehad, dan was die nu wel definitief verdwenen. Cecile was haar biologische moeder en ze was haar zo te zien haar hele leven lang niet vergeten. Eigenlijk wist ze niet of ze daar nou blij om moest zijn of niet. Sowieso kon ze haar emoties nu niet goed aanvoelen. Gespannen was ze, ja, gek genoeg ook best opgewonden en tegelijkertijd bozig, op haar beide moeders. Omdat ze allebei nooit hadden verteld wat er was gebeurd. En haar dus ook nooit hadden gezegd wie haar vader was.

Alleen, hier stonden twee stoelen. Cecile had hier dus weleens met iemand anders gezeten. Zou dat haar vader zijn geweest? Puck schoof naar het kastje en trok de bovenste la open. Ze wist niet precies wat ze zocht, maar Matz had gezegd dat in deze ruimte antwoorden lagen. Misschien lag hier ergens bewijs van haar vader.

Ze rommelde door de la met luciferdoosjes, lege pennen en paperclips. Daarna trok ze de onderste la open. Even leek het alsof ook daar niets bijzonders in lag, totdat ze een dossiermapje onder een boek over Gstaad zag liggen. Ze haalde de kartonnen map uit de la en ging weer zitten. Moest ze wel verder kijken? Wat als haar vaders naam er inderdaad in stond? Wat moest ze dan doen?

Ineens hoorde ze een zachte dreun in de kamer ernaast. Alsof iemand tegen het bureau van Cecile had gestoten.

Ze kon vanuit deze stoel niet in Ceciles kamer kijken en ze wilde ook niet dat iemand haar hier zag zitten. Maar ze had zelf de deur van het kamertje opengelaten en kon onmogelijk doen alsof ze hier niet was.

'Wie is daar?' vroeg ze met tegenzin. Gelukkig kwam er geen antwoord en bleef het verder stil. Waarschijnlijk had ze het gekraak van het dak van het oude chalet gehoord, dat door de felle zon langzaam opwarmde.

Zonder een echte beslissing te nemen vouwde ze de map toch open en zag trouwfoto's van Simon en Cecile. Stralend waren ze. Haar moeder droeg een simpele crèmekleurige jurk van fijn zijden, met een snoer van parels in haar opgestoken haar. Ze stonden dicht naast elkaar in een zomerse alpenwei, omringd door felgekleurde bloemen. Op blote voeten! Haar ingetogen, gereserveerde moeder stond als een schoolmeisje blootvoets te glunderen.

Simon had hier nog langer haar en leek niet te geloven dat hij de gelukkige man naast Cecile mocht zijn. Bijna schuchter keek hij de camera in. Op een volgende foto had hij haar moeder nog wat dichterbij getrokken en gaf hij een kus op haar voorhoofd.

Verder vond ze een stapeltje papieren en zag dat het een interviewreeks was uit de *Neue Zürcher Zeitung*. In het kader van de vijfenzeventigjarige herdenking van het einde van de Tweede Wereldoorlog werden Zwitsers hierover geïnterviewd. De tweede persoon was Simon Malivc. Bij het artikel hoorde een foto. Ze zag Simon zitten in een stoel hier ergens in het chalet. Zijn ogen vriendelijk, zijn blik zacht. Simon vertelde in het interview over zijn vader die een Joodse timmerman was geweest en direct na de Oostenrijkse Anschluss bij Duitsland in 1938 was ontslagen. Zijn werkgever was bang dat Hitler ook Zwitserland zou binnenvallen en hij wilde de reputatie van zijn school niet in gevaar brengen door Joden in dienst te hebben. Een kleine zwart-witfoto toonde Simons vader in overall voor een groot chalet. Meteen greep Puck het bureau vast. Simons vader was ontslagen door de Puisets. Zonder twijfel. Ze herkende het wapen boven de deur van het chalet. Frederics vader had Simons vader ontslagen. Wat bizar. Zou dat de reden zijn dat hij haar moeder had vermoord?

Snel las ze verder en begreep dat Simons vader het aanbod van de school om na de oorlog terug te komen, trots had afgewezen. Maar dat Simon zelf het verleden achter zich had willen laten en wel bij de Puisets was gaan werken. 'Omdat het een mooi internationaal instituut is dat juist streeft naar een internationale wereldorde waarin wordt gewerkt aan vrede en veiligheid,' werd hij aan het einde van het artikel geciteerd.

Was Simon toch niet zo nobel geweest als hij hier deed voorkomen? Had hij misschien niet alles vergeven? Wraak kon natuurlijk een motief zijn voor moord, maar Nicole dan? Hij had toch ook echt van haar gehouden. Ging zijn revanche zo ver dat hij haar ook had gedood?

De laatste foto onderaan het stapeltje was anders. Hier zaten Cecile en Simon op een houten bank aan de rand van het bos. Zeker een meter van elkaar vandaan, kijkend naar een ingegraveerde tekst op de leuning. Vlug deed ze het lampje op haar mobiel weer aan en scheen op de foto. De kleine letters bleven onleesbaar. Had haar iPhone niet ook een vergrootglasfunctie? Waar zat die ook weer? Ze scrolde door haar instellingen. Plots klonk er een enorm gekraak. Iemand liep duidelijk over de plankenvloer in Ceciles kamer. Daar was dus toch iemand. Dat kon haar buurman zijn. Ze was Youri helemaal vergeten te vragen of hij inderdaad een collega was.

'Hallo? Wie is daar?' riep ze nu harder. Opnieuw kwam er geen reactie. Hoe had ze zo stom kunnen zijn hem helemaal te vergeten? 'Solovjov ben jij dat?'

Het was weer volkomen stil en hoewel haar hart tekeerging, zocht ze toch verder naar het vergrootglas. Ze moest weten wat er op die bank stond. Ineens zag ze de knop van de functie, schoof hem direct naar links en richtte op de tekst.

'Cecile en Simon,' stond er in sierlijke letters op de bank geschreven en daaronder een datum. 2 januari 1980. Dat was haar geboortedag! En nu zag ze ook 'Louise' achter de datum staan. Haar tweede naam. Dit kon niet missen. Als een slok whisky stroomde het besef langzaam door haar hele lichaam heen. Cecile en Simon waren haar ouders. Simon, de moordenaar van haar moeder, was haar echte vader.

33

Hoe ze het chalet uit was gekomen wist ze niet meer. Maar de buitenlucht leek in een keer haar longen weer open te zetten. Misschien was het Solovjov geweest die haar net in de gaten had gehouden of een van de Russische leerlingen, maar het maakte niets meer uit. Simon was haar vader, daar moest ze eerst mee dealen.

De zon scheen fel en het dikke pak sneeuw van de storm smolt steeds verder weg. Ze bedacht dat het een mooie metafoor was voor de wegsmeltende geheimen rond de moorden en dat ze haar reeks artikelen daarmee kon beginnen. Hoe was het mogelijk dat ze in haar meest ambitieuze journalistieke project tot nu toe, zelf een bijrol leek te spelen? Of eigenlijk juist een hoofdrol, tegen de verwachtingen in. Als je er een film over zou maken zou het over the top zijn. Maar ze was lang genoeg journalist om te weten dat de realiteit vaak onwerkelijker was dan fictie.

Ze nam het steile weggetje terug naar haar hotel en had ineens vreselijk veel zin om Freek te bellen. Een rustige stem uit haar normale leven, die precies het goede zou zeggen en kon helpen haar emoties te duiden. Want wat moest ze nu vinden van de informatie over Simon? Ze kon nog steeds niet geloven dat hij echt de moordenaar was, maar dat hij haar vader bleek te zijn, was misschien nog wel ongelooflijker. Ze had nog nooit een vader gehad.

Opnieuw nam ze het Freek eigenlijk kwalijk dat hij onbereikbaar was. Ze wilde hem nog een keer een berichtje sturen dat hij haar moest terugbellen, maar zag toen tot haar verbazing dat hij net online was geweest. Meteen belde ze hem op.

'Puck, je zou me niet bellen,' klonk zijn vertrouwde stem ongekend streng. 'Kom op, ik zit te werken.'

'Nou, je was anders net online hoor,' zei ze en hoorde hoe kinderachtig ze klonk.

'Klopt. Ik app met mijn producer. Die onze afspraken wel respecteert. En mij dus níét belt!'

'Heb je nu een producer? Dat is geweldig nieuws. Gefeliciteerd.' Ze probeerde het gesprek een positieve draai te geven. 'Wat gaat hij voor je doen?'

'Nee Puck, niet nu dus.'

Ze ging zuchtend op een bankje zitten. 'Ik weet wie mijn ouders zijn.'

'Wat?'

'Mijn ouders. Ik ben achter hun namen gekomen.'

En voordat hij kon doorvragen begon ze te huilen en liepen de tranen over haar wangen. Ze hoorde Freeks troostende woorden wel, maar ze kon niet meer ophouden. Het voelde alsof eindelijk alle stress uit haar lichaam stroomde. Een oudere vrouw die met een prikstok langs haar omhoog liep, bleef even staan en keek haar vragend aan. Puck gebaarde dat het goed was en probeerde te glimlachen. Snel veegde ze haar tranen weg.

'*Freudentränen*,' zei ze haperend.

De vrouw knikte begripvol en liep zwijgend door naar boven. Puck kreeg langzaam haar ademhaling onder controle – eerder uit schaamte dan uit echte ontlading – en begon te vertellen over wat er de laatste twee dagen allemaal was gebeurd. Freek stelde geen vragen maar ze hoorde aan zijn rustige ademhaling dat hij aandachtig luisterde.

Ze sloeg niets over, ook niet dat ze nog met Matz had geslapen. Of de gruwelijke details van het lichaam van Nicole. Het luchtte op om alles expliciet te benoemen. Haar gedachten leken te vertragen en draaiden niet langer meer 360 graden rond in haar hoofd.

'Zo, dat is niet niks,' reageerde Freek droog nadat ze was uitgesproken. 'Ik heb niet alles begrepen. Maar wel dat je veel voor je kiezen hebt gekregen. Hoe gaat het nu?'

Ze veegde haar gezicht droog. 'Beter, het huilen lijkt ook wat te helpen.'

'Hoe is je vader?'

'Eigenlijk wel lief.'

'Denk je dat hij het zelf weet?'

Ze zuchtte diep en zag weer zijn begripvolle blik toen ze bij hem aan de ontbijttafel zat. 'Ja, dat denk ik wel.'

'Verdenk je hem?'

Ze vond het fijn dat Freek naar haar vader vroeg zonder hem direct een moordenaar te noemen.

'Nee, ik kan het me echt niet voorstellen. Maar ja, hij heeft Matz neergeslagen, en hij had Nicoles mobiel.'

'Ja, dat vertelde je, maar daar kan toch ook iets anders zijn gebeurd? Heb je haar mobiel gezien?'

Ze moest bekennen dat ze daar niet meer aan had gedacht. 'Ik denk dat de politie die heeft meegenomen.'

'Dat zou kunnen, maar waarom zou hij nu ineens toeslaan als hij jarenlang de mogelijkheid heeft gehad? Dat klinkt echt heel onlogisch.'

Die gedachte had haar ook beziggehouden en ze was opgelucht dat Freek tot dezelfde conclusie was gekomen. 'Ik hoop het zo. Het kan toch niet zo zijn dat ik eindelijk een vader heb, maar dat die dan de gevangenis in verdwijnt.'

En ondanks alles schoot Freek in de lach. 'Nu blijkt je eigen fantasiewereld uiteindelijk een stuk minder onwaarschijnlijk dan je echte leven.'

Ze lachte mee, maar ze was er toch niet gerust op. 'Wie zou het dan wel gedaan kunnen hebben?'

'Lastig, dat vind ik echt heel lastig,' leek Freek hardop te denken. 'Ik vind het allemaal nog erg diffuus. Al die verschillende namen. Ik kan het vanuit hier niet goed inschatten, maar ik ben wel bang voor iets anders...'

'Wat dan?'

'Dat jij de volgende zult zijn.'

Ze grinnikte weer. 'Geloof je nu eindelijk dat ik wel word gevolgd?'

'Nee Puck, dit is geen grap. Al twee vrouwen van je familie zijn vermoord. Waarom zou je niet de volgende zijn? Wie weten dat jij Ceciles dochter bent?'

Ze slikte. 'Het hele dorp. Althans, dat zei Leon.'

'Denk je dat zelf ook?'

Ineens dacht ze aan Helga die plotseling van houding was veranderd, aan de moeite die Mia en Leon hadden gedaan haar te bereiken en aan de bakkersdochter die meteen haar hart had gelucht.

'Puck? Ben je er nog?'

'Ja, ik ben er. Ik zat te denken dat het weleens zou kunnen kloppen. Misschien wist inderdaad het hele dorp het al. Behalve wij dan, de kinderen.'

Allebei waren ze nu stil. Ze hoorde zelfs de belletjes van de arrenslee die ze verderop de dorpsstraat in zag rijden. Er verscheen een berichtje van Matz op haar scherm. Dat hij zo naar huis kwam en of ze vanavond in het chalet kwam logeren. Dan konden ze eindelijk alles rustig doorspreken, schreef hij.

'Freek, weet je, nu ik er langer over nadenk, vind ik jouw ideeën nogal vergezocht, eerlijk gezegd,' zei ze uiteindelijk. 'Ik denk dat we ons erbij neer moeten leggen dat ze de dader al hebben. Hoe graag ik ook zou willen dat het niet zo was. Het enige logische zou zijn dat Simon het toch heeft gedaan. Maar ik ga wel proberen uit te zoeken waarom.'

'Dat is sowieso een goed idee en misschien zie ik inderdaad wel spoken, maar toch... wil je wel goed opletten?'

'Matz vraagt me net of ik bij hem kom logeren.'

'Dat stelt me gerust. Samen zijn jullie veiliger. En totdat Simon alles echt heeft bekend, zou ik toch op je hoede blijven. Vertrouw nog maar even niemand. Ook de politie niet. En zeker die Youri niet. Zo te horen houdt die zich wel met een heel vaag onderzoek bezig. Probeer eerst maar samen met je broer uit te zoeken wat jullie allemaal wel en nog niet weten.'

Dat hij Matz haar broer noemde gaf haar direct een beter gevoel en ze beloofde meteen in het hotel haar spullen te pakken. 'En voordat je het gaat zeggen, ja, ik beloof heel voorzichtig te zijn.'

Nu schoot Freek in de lach. 'Het klinkt bijna alsof ik je vader ben.'

'Nou, ik weet in ieder geval nu absoluut zeker dat dat niet het geval kan zijn.'

Freek moest nog harder lachen en na nog een paar flauwe grappen namen ze afscheid. Maar vlak voordat hij ophing bedacht ze ineens nog iets. 'Zal ik je een foto van dat kamertje sturen? Dan kun je het zelf zien. Dat mijn moeder echt altijd aan mij is blijven denken.'

'Graag, dat lijkt me heel bijzonder. Ik bel je morgen.'

'Ondanks je compositie?'

'Ja, ondanks mijn compositie. Dag lieve Puck.'

34

Ze liep door de dorpsstraat terug naar het hotel. Hoewel er geen bomen meer stonden, zag het er voor de rest wel weer redelijk normaal uit. De meeste luifels en ramen waren gemaakt en de storm leek eigenlijk langer dan een paar dagen geleden. Ook het aantal mensen op straat was toegenomen.

Maar binnen in het hotel was het nog rustig. Puck zag drie mensen in de bar zitten, maar Leon was nog niet terug in de bediening en ook Helga stond niet achter de receptie. De jonge vrouw die wel achter de balie bezig was, vertelde dat Helga ziek was.

'Corona. Net als onze barman,' zei de vrouw terwijl ze prints bleef uitdraaien. 'Dat krijg je ervan, als je principieel tegen vaccineren bent. Gelukkig hoeven we nu niet meer in quarantaine. Ik ben nog steeds zo blij dat al die lockdowns voorbij zijn.'

Puck knikte, maar dacht eraan dat Helga niet bepaald het type leek om zich niet te laten inenten. Maar ja, veel meer mensen hadden haar de laatste dagen verrast. 'Trouwens, ik wil graag uitchecken. Zou iemand mij met de bagage kunnen helpen?'

'Geen probleem. Waar gaat u heen?' vroeg de vrouw zonder van haar papieren op te kijken. 'Het station?'

'Nee, ik ga logeren bij mijn broer. Matz Puiset.'

Nu keek de vrouw haar voor de eerste keer recht aan. 'Uw broer?'

'Ja, hij woont tijdelijk in een van de chalets van de school. Kent u hem?'

De vrouw snoof, schudde haar hoofd en keek weer naar de prints. 'Ik zal een taxi regelen. Over een half uur staat hij beneden.'

Terwijl Puck de trap op liep twijfelde ze weer aan haar eigen conclusie dat iedereen in het dorp wist wie ze was. Want waarom hadden ze daar dan niets mee gedaan? Sommige media hadden vast gesmuld van een lekker schandaal bij de Puisets. Ze moest vanavond maar beginnen met het uitwerken van alle opnames, misschien ontdekte ze dan details die ze tot nu toe over het hoofd had gezien.

In haar kamer propte ze haar spullen in haar koffer en moest alles stevig aanduwen om hem dicht te krijgen. Was ze nou maar zo netjes als Cecile geweest, dan had het vast wel allemaal gepast. In haar rugzak deed ze haar laptop en als laatste pakte ze *The Face of War* van het bureautje. Ze hield het boek even tegen haar borst gedrukt. Wie had gedacht dat zo'n impulsaankoop zo'n positieve draai aan haar leven zou geven?

Daarna sloeg ze de tas over haar schouder en liep met de koffer in haar hand de gang op. Nog voordat ze de deur achter zich dicht had getrokken, voelde ze haar lippen tintelen. Was het de kou? Had ze haar lippen beschadigd? Ze moest eraan denken lippenspul op te smeren.

Beneden wilde ze de rekening betalen maar ze kreeg te horen dat Ben een deel al vooruit had betaald en dat de rest van de kosten voor het hotel waren.

'Vanwege de overlast door de storm. Dat was voor jullie als gasten niet zo'n prettige ervaring, begreep ik,' zei de receptioniste die haar ineens vriendelijk toelachte. 'En misschien, maar goed dat moet u natuurlijk helemaal zelf weten, kunt u eenmaal thuis een aardig artikel over ons hotel schrijven.'

Ergens neigde dat naar omkoping, maar het kwam Puck goed uit dat ze de hotelkosten niet hoefde voor te schieten. Zoveel geld stond er niet meer op haar bankrekening. Ze bedankte de vrouw en stapte buiten in de taxi.

Langzaam reed de chauffeur weg en terwijl ze de zon achter de bergtoppen zag zakken, bedacht ze ineens dat de laatste uren helemaal niemand meer over Cecile had gesproken. Door de storm en later door de moord op Nicole was haar afscheid uitgesteld. Maar waar zou ze nu zijn? Lag ze ergens opgebaard? Zou ze misschien toch nog fysiek afscheid van haar moeder kunnen nemen? Maar wilde ze dat eigenlijk wel? Waar zou ze dan op letten? Of ze dezelfde lange vingers hadden? Of haar moeder ook knokige knieën had?

Ze draaiden nu het smalle weggetje in, richting de school. In alle drie de chalets zag ze al licht branden. Alleen het woongedeelte van de Puisets was donker. Matz was duidelijk nog niet terug. Maar ze kon hem straks wel vragen waar hun moeder nu lag. En of ze inderdaad afscheid van haar mocht nemen? Dan kon ze altijd later zelf nog beslissen of ze dat daadwerkelijk wilde doen. Ze hadden het eigenlijk ook helemaal nog niet gehad over haar erfenis. Niet dat ze ervan uitging dat ze als erfgenaam genoemd zou worden, maar misschien had haar moeder toch nog ergens een aandenken voor haar gereserveerd. Een sieraad dat ze altijd had gedragen of een boek met moederlijk advies.

Ineens zag ze zichzelf in de spiegelende autoruit en direct viel het haar op dat haar lippen dikker waren geworden. Verdorie, ze tintelden niet van de kou, maar door haar allergie. Ergens moest ze iets met pinda's hebben gegeten. Wat stom dat ze daar niet meteen aan had gedacht. Wat kon het geweest zijn? Ze graaide in haar tas naar haar pillen. Het was geen zware reactie, anders zou ze het nu al benauwd krijgen. De epipen was niet nodig, schatte ze in, maar die pillen zouden zeker kunnen helpen. Ze vond ze uiteindelijk in het kleine vakje en nam er direct twee. Zo meteen zou ze slaperig worden, maar alles beter dan meer zwellingen in haar gezicht.

Wat had ze gegeten? Weinig vandaag, maar zeker niets met noten. Ze moest ergens sporen op haar vingers hebben gekregen of misschien zelfs iets hebben geroken.

Haar allergie was de laatste jaren steeds heftiger geworden, maar ze had nog nooit eerder zo sterk gereageerd op reuk. Hopelijk was het nog niet zo ver gevorderd. De taxi stopte nu voor de ingang van de school en een man die ze nog niet eerder had gezien, deed haar deur open.

'Goedenavond mevrouw, ik ben de conciërge van de school,' zei hij en pakte haar tas aan. 'Meneer Matz heeft gevraagd u alvast naar uw kamer te brengen. Ik haal hem daarna op.'

Samen met de taxichauffeur tilde de man haar koffer uit de achterbak en ging haar voor naar het woongedeelte van het chalet. Terwijl hij zonder enige zichtbare inspanning haar bagage naar boven droeg, vertelde hij dat de leerlingen zo meteen gingen dineren en dat hij meteen terug moest naar het andere chalet waar de eetzaal was. 'Het is allemaal wat hectisch nu iedereen bij elkaar op zaal slaapt.'

'Dat begrijp ik. Het zijn rare tijden,' zei ze en liep achter hem aan de gang in. 'Kende u mevrouw Puiset goed?'

De man die eruitzag alsof hij net nog in zijn eentje vijf bomen om had gezaagd, kreeg direct tranen in zijn ogen. 'Ach, zo'n lieve vrouw. We missen haar vreselijk.'

'Dat geloof ik, ja.' Voor het eerst merkte ze dat ze graag had kunnen zeggen dat ze haar dochter was. 'Sterkte dan maar en dank voor het tillen.'

Hij stond stil voor een brede deur en zette, zonder haar aan te kijken, de koffer neer. 'Deze blauwe kamer is voor u, begreep ik.'

Nog voordat ze hem kon bedanken, liep hij alweer terug de trap af. Misschien omdat hij gehaast was, of uit schaamte voor zijn emoties. Het deed haar goed dat er toch ook mensen waren met warme herinneringen aan haar moeder.

Ze opende haar deur en was verrast door de omvang van de kamer. Behalve twee antieke kasten en een breed houten bed stond er ook een bureautje in de hoek. Ze pakte haar spullen uit en legde haar laptop op tafel, met Gellhorns boek ernaast. Nu pas viel het haar op dat er lichtbruine, vettige vlekken op de eerste bladzijdes zaten en meteen legde ze het boek in een kast. Dat kon het zijn, resten van pindakaas op haar boek. Wanneer waren die erop gekomen? Misschien was het boek onder het bed gevallen. En had een kamermeisje met vieze handen of zoiets het opgepakt en daar op het bureau gelegd.

Haar mond voelde droog door de pillen en ze pakte een glas water uit de aangrenzende badkamer. Zo meteen zou ze te slaperig zijn om te schrijven, ze kon dus maar beter direct beginnen. Met haar telefoon op het bureaublad naast zich, startte ze met het uitwerken van de opnames. Ze hoorde weer Leons venijnige woorden en Mia's voorzichtige stem. Ze kon niets nieuws ontdekken, maar begon wel met het schrijven van het eerste verhaal over haar moeder.

35

Ze moest zeker een uur bezig zijn geweest, buiten was het inmiddels donker geworden, toen ze werd opgeschrikt door een telefoontje. Jelena.

'Hé meisje, hoe is het?' vroeg ze.

Puck hoorde eerst wat gekuch, maar daarna klonk Jelena's stem heel zacht. 'Zo'n hoofdpijn.'

'Dat begrijp ik. Moet je niet nog even slapen?'

'Ja, moet wel ja,' fluisterde Jelena. 'Maar wilde nog iets zeggen.'

'Natuurlijk, vertel. Kan ik iets voor je doen?'

'Ik was het niet.'

'Wat niet?'

'Ik heb niet zelf gedronken. Drink nooit alcohol.'

'Dat dacht ik al. Weet je wat er wel is gebeurd?'

'Nee. Ik sliep. Maar daarvoor had ik een paar foto's voor je gemaakt. Van die chats.'

'Denk je dat het daarmee te maken had?'

Het bleef lang stil. Ze hoorde alleen gerommel op de achtergrond.

'Jelena?'

Er kwam geen antwoord meer. Nog een keer riep ze haar naam, maar opnieuw zonder resultaat. Puck hing op, belde onmiddellijk terug, maar kreeg direct het bericht dat de telefoon buiten gebruik was. Wat was er aan de hand? Ze wilde Youri bellen, maar besefte dat ze zijn nummer niet had. Hij had juist beloofd contact met haar op te nemen en hij had ook niet gezegd in welk ziekenhuis Jelena lag. Alleen dat ze ergens in Zürich lag en dat hij haar contactpersoon was. Hij wist dus wel waar ze was. Zou hij ervoor kunnen zorgen dat ze veilig was?

Opnieuw ging haar mobiel, maar nu was het Freek. Direct vertelde ze wat er was gebeurd.

'Je klinkt paniekerig Puck. Ik begrijp het wel, maar ik zie hier toch geen gevaar. Ze ligt in een ziekenhuis. Daar kan niet veel gebeuren.'

Ze zuchtte. 'Dat is zo.'

'Ik zou het maar even laten rusten. Totdat je weet wat er aan de hand is. Je kunt nu toch niets doen.'

'Natuurlijk heb je weer gelijk.' Ze voelde haar oogleden al zwaarder worden en zuchtte diep. De tintelingen in haar lippen begonnen gelukkig te verdwijnen. 'Waarom belde je eigenlijk?'

'Misschien is het niets bijzonders hoor, maar er viel me iets op, op die foto die je had gestuurd.'

Ze ging rechterop zitten. 'Beetje vreemd hè, zo'n herdenkingsmuurtje.'

'Dat ook, maar ik zag iets in die boekenkast. Drie

dikke ordners op een rij. Had jij die gezien?'

'Nee, die waren me helemaal niet opgevallen. Ik heb alleen in de lades gezocht.'

'Nou, daaronder op het plankje staan drie mappen. Je bent toch in dat chalet? Misschien moet je even gaan kijken?'

'Nu?'

'Ja, waarom niet. Op de rug van die ordners staan jullie namen. Nicole, Matz en die van jou. Louise toch?'

'Echt?'

'Het is lastig te zien, maar volgens mij klopt het.'

Puck bedankte hem en hing meteen op. Daarna liep ze de donkere gang op en moest zich even oriënteren waar ze nu was ten opzichte van Ceciles kamer. Ze stak haar hand uit om op de tast een lichtknopje te zoeken en ineens sprongen de lichten aan. Duidelijk bewegingsgevoelig. Nu begreep ze ook weer dat ze een verdieping naar beneden moest en dan moest doorlopen naar de achterkant van het chalet.

De gangen waren verlaten en een koude tocht trok over de vloer. Ze rilde. Elke keer als ze hier liep gaven de lange, smalle ruimtes haar een unheimisch gevoel. Alsof ze toch niet helemaal verlaten waren. Zouden hier ergens camera's hangen? Door de gedempte verlichting kon ze hoeken niet goed zien, maar ze versnelde haar pas. De vloer achter haar kraakte en ze draaide zich om. Niets te zien natuurlijk. Snel nam ze de trap en zag gelukkig de deur naar Ceciles kamer. Maar de ingang werd gebarricadeerd door een rood-wit gestreept afzetlint. Een geel papier met in grote letters BETRETEN VERBOTEN hing midden op de deur. In drie talen stond eronder dat het hier om een plaats delict ging.

'Nee hè,' zei ze hardop. Plotseling werd het licht gedoofd. Ze bewoog met haar armen, maar het bleef aardedonker. Haar keel kneep samen.

'*Schwesterlein*,' klonk het ineens vanuit de duisternis. Het volgende moment was de gang weer felverlicht. Aan het eind stond Matz, met de conciërge naast hem.

'O, gelukkig, daar ben je weer.' Ze liep naar hem toe. 'Gaat het wel?'

'Ik heb het geprobeerd, maar nee, ik ben niet stuk te krijgen.' Hij lachte, wankelde toch even en zocht steun bij de breedgeschouderde conciërge. 'Goed je weer te zien.'

'Ben je echt wel oké?'

'Op zich gaat het goed hoor.' Hij wreef over het verband om zijn hoofd. 'Ik ben alleen nog wat duizelig.'

De conciërge pakte zijn arm. 'Daarom moet u ook meteen gaan liggen, meneer. Dat heb ik de verpleger beloofd.'

'Petrus hier is zo vriendelijk geweest me even op te halen uit het ziekenhuis.'

'Ja, en u mocht alleen mee naar huis als u direct in bed zou gaan liggen,' zei Petrus streng. 'Komt u mee? Dan help ik u naar boven.'

'Ik loop ook mee,' zei Puck direct. Het liefst was ze over Ceciles geheime kamer begonnen, maar ze besloot dat het met Petrus erbij niet handig was en ze sloot zich achter de twee aan. 'Hebben ze het gehecht?'

‘Ja, tien hechtingen in totaal. En een lichte hersenschudding denken ze.’

‘Wat een schrik toch.’

Matz mompelde bevestigend en pas toen ze voor zijn deur stonden draaide hij zich om. ‘Eigenlijk was de grootste klap dat het Simon was.’

Ze knikte en voelde direct schaamte. Alsof zij er iets aan kon doen dat haar vader hem iets had aangedaan. ‘Ja, onbegrijpelijk. Wat heeft hem toch…’

‘Sorry, maar ik moet gaan,’ onderbrak Petrus haar en liet Matz los. ‘Lukt het vanaf hier?’

‘Ik help hem wel,’ zei ze snel.

Na een korte knik verdween Petrus naar beneden en Matz deed zijn deur open. ‘Lief zusje, ik red me wel, echt. Ga lekker slapen. Jij ziet er ook moe uit.’

Ze kon niet ontkennen dat de pillen haar steeds slaperiger maakten, maar ze hadden nog zoveel te bespreken. ‘Wist je dat de politie mama’s kamer heeft afgesloten?’

‘Ja, dat vertelde Youri al. Dat hadden ze natuurlijk veel eerder moeten doen,’ zei hij traag en leunde tegen de deurpost. ‘Ben jij er nog binnen geweest?’

‘Ik heb het gezien ja, en ik wilde…’ Meer kon ze niet zeggen, want Matz’ ogen draaiden weg en hij zakte door zijn knieën. Net op tijd kon ze zijn oksels grijpen en hem rechtop houden. ‘Sorry, we moeten nu ook niet praten. Kom, ik leg je in bed.’

Zwijgend liet Matz zich helpen. Ze deed zijn schoenen

uit, ritste zijn broek los en trok zijn trui voorzichtig over zijn hoofd uit. Hij kreunde zacht.

'Twee dagen geleden deed ik dit met een heel andere reden,' grapte ze, maar Matz leek het niet te horen. Hij schoof in het bed en trok meteen het dekbed over zich heen.

'Ben misselijk,' fluisterde hij met gesloten ogen.

Onmiddellijk deed ze zijn bedlamp uit. 'Dat kan de hersenschudding zijn. Fel licht is ook niet goed. Je hebt zeker geen zin om iets te eten?'

'Nee.' Hij sprak zo zacht dat ze het nauwelijks kon horen. 'Maar je kunt gewoon naar de keuken gaan, dan maken ze wel iets voor je.'

'Is goed,' zei ze, maar ze wist dat ze dat niet zou doen. Die anti-allergiemedicijnen ontnamen haar altijd de eetlust. Eigenlijk wilde ze het liefst ook alleen maar gaan liggen. 'We praten morgen verder. Ga maar lekker slapen.'

Als antwoord hoorde ze alleen een diepe ademhaling en op haar tenen liep ze naar de gang. Hopelijk kon ze zelf wel lang genoeg wakker blijven om de hele verhaallijn zo helder mogelijk op papier te krijgen.

36

'Solovjov!' Puck schoot omhoog. Ze was Solovjov vergeten in het verhaal op te nemen. Ze greep naar haar laptop die van haar schoot was afgeschoven en zag dat het vier uur was. Ongelofelijk, ze was tijdens het schrijven op bed in slaap gevallen. Snel deed ze het licht uit, trok het dekbed over zich heen en draaide zich om. Die Rus kon wel wachten, besloot ze. Eerst nog wat slapen.

Even later werd op haar deur geklopt. 'Puck?'

Ze wilde wel antwoorden, maar haar hoofd voelde tien kilo te zwaar en haar tong was dik.

'Puck? Kan ik binnenkomen?'

Het lukte alleen om grommend ja te zeggen. Meteen zwaaide de deur wijd open.

'Sliep je nog?' vroeg Matz terwijl hij de kamer binnenkwam. Met zijn brede glimlach en witte verband om zijn hoofd zag hij er kwajongensachtig uit. 'Heb je nou met de gordijnen open geslapen?'

'Ja.' Ze schoof een stukje omhoog in haar kussens. 'Ik ben tijdens het schrijven in slaap gevallen. Hoe laat is het eigenlijk?'

'Bijna elf uur.'

'O jee, dat is echt te laat.' Ze haalde haar handen door haar haar, in de hoop het in model te krijgen. Tevergeefs. Ze voelde de dikke klitten. 'Wat zie jij er trouwens verbazingwekkend fit uit.'

Hij grinnikte. 'Goed geslapen. Dat kan ik van jou zo te zien niet echt zeggen. Wil je wel komen ontbijten?'

'Geef me een half uurtje.'

'Mooi, dan laat ik wat lekkers voor ons klaarmaken.' Hij liep naar de deur en vlak voordat hij de gang op stapte, draaide hij zich om. 'Kijk even naar buiten. Het is echt schitterend.'

De deur viel rustig in het slot, maar het klonk als een enorme klap. Die pillen gaven haar altijd een zwaar katerachtig gevoel. Ze schoof uit bed en ging voor het raam staan. De wereld had vannacht een nieuwe witte verflaag gekregen. Alles was aangeraakt. Zelfs op de lantaarnpalen en smalle hekjes lag een dun laagje sneeuw. De zon verlichtte de miljarden verse ijskristallen en ze knipperde met haar ogen. Ja, dit Disneyplaatje hielp inderdaad om wakker te worden.

Ze liep terug naar het bed en pakte haar laptop. Haar verhaal was nog niet af, maar gewoontegetrouw mailde ze de ruwe versie naar zichzelf. Zo bleef het toch altijd ergens opgeslagen. De wifi werkte niet, maar met de hotspot van haar mobiel kreeg ze het bestand wel verstuurd. De reeks vragen die nu nog openstonden kon ze zo meteen eindelijk met Matz bespreken. Daarna dook ze snel onder een warme douche en kleedde zich winters aan.

Toen ze de privé-eetkamer van de Puisets binnenliep was die nog leeg en ze liet haar blik door de ruimte glijden. De portretten van voorouders waren wat vergeeld door de rook van kaarsen die vast al decennialang elke avond werden ontstoken, maar voor de rest was de ruimte fris en opgeruimd. Alsof de wanden speciaal vorige maand nog waren gewit.

Puck zette een raam op een kier en rook de zware berglucht vermengd met verse sneeuw. Een kerkklok klonk gedempt op de achtergrond. Dit had haar moeder dus ook vaak gehoord en samen met haar vader had ze hier aan deze tafel gezeten. Misschien hadden ze dan wel over haar gesproken. Zich afgevraagd hoe het met haar zou gaan.

Ze streek over de damasten servetten. De zilveren mesjes lagen precies naast de ontbijtborden en de twee glazen jus d'orange stonden keurig rechts daarboven opgesteld. De schaal met bosvruchten en het mandje met croissants stonden precies in het midden van de tafel. Even rook ze aan de witte rozen in het vaasje naast haar eigen bord en schoof toen aan. Nog voordat ze een slok jus kon nemen, stond Solovjov ineens in de kamer.

'Goedemorgen Puck, gaat alles wel goed met je?' vroeg hij alsof ze elkaar al jaren kenden.

Ze schoof direct haar stoel wat naar achter. 'Prima.'

'Mooi,' zei hij en deed een stap dichterbij. 'Gaan jullie even gezellig ontbijten?'

Haar keel voelde droog. Ze nam snel een slok jus d'orange. 'Ja, maar wat doe jij hier?'

'Ik wilde je wat uitleggen.'

'Waarom?'

'Ik vond het vervelend om te horen dat ik je zo bang had gemaakt. Dat is nooit mijn bedoeling geweest.'

'Daar ben je wel een beetje laat mee.'

'Het kon niet eerder, sorry.'

'Oké, vertel maar. Solovjov, is het toch?'

'Dat klopt ja. Net als mijn zusjes.' Hij kneep zijn ogen tot spleetjes. 'Ze waren een tweeling. Ik begreep al dat je over hen had gehoord.'

Haar been begon te trillen. Het was dus waar. 'Waren dat jouw zusjes? Wat een tragisch ongeluk, die brand.'

Hij knikte, ging ongevraagd aan tafel zitten, maar leek haar niet meer te zien. Met een lege blik staarde hij naar het botervlootje. 'Er was niets meer van ze over. Geen stuk stof. Zelfs hun ringen waren gesmolten.'

'Dat is erg verdrietig voor je,' zei ze en ze tastte in haar zak. Ze wilde haar microfoon aanzetten, maar kon haar mobiel niet vinden. Had ze hem juist nu boven laten liggen? 'Hoe oud was je toen?'

'Achtentwintig. Ik woonde nog in Berlijn.' Solovjov zat voorovergebogen en hing bijna over de tafel. Het leek alsof hij het leed van de wereld op zijn rug droeg. Gedachteloos schoof hij het botervlootje heen en weer. Was dit nou een man waar ze al die tijd zo bang voor was geweest?

Ze ademde diep in. 'Hoe ben je eigenlijk in Leiden beland? Zo vlak tegenover mij. Dat is toch wel ongeloofwaardig toevallig.'

Nu keek hij op, zijn ogen waren rood. 'Dat was op verzoek van je moeder.'

'Wat? Mijn moeder?'

'Ja, Cecile en mijn vader zijn uiteindelijk vrienden geworden. Een lang verhaal, maar je moeder heeft haar hele leven lang de brand willen compenseren. Ik was een man van dertien ongelukken, ze bood mij een baan aan. Als privéagent haar onbekende dochter in de gaten houden.'

Puck zag ineens weer de foto's in Ceciles kamertje hangen. Van verschillende momenten uit haar leven. Ze dacht terug aan het gevoel dat ze werd gevolgd en gefotografeerd. Het klopte dus allemaal, hij was er al die tijd geweest. 'Waarom wilde ze dat?'

Solovjov keek haar onderzoekend aan, waarschijnlijk overwegend of hij wel moest antwoorden. Toen begon hij toch te praten. Dat haar moeder al een aantal jaren werd gechanteerd door Russische oud-leerlingen. Ze zouden compromitterend materiaal hebben verzameld over de school. Over feesten en drugsgebruik. In ruil voor toegang tot de school voor nieuwe Russische leerlingen, hielden ze het materiaal geheim. 'Je moeder was bang dat ze jou erbij zouden betrekken. Ze wilde zeker weten dat je niet door ze werd lastiggevallen. Ik moest proberen onzichtbaar te zijn, hoewel ze ook wel wist dat dat niet altijd haalbaar was.'

De laatste weken kwamen weer in haar gedachten voorbij. Steeds meer puzzelstukjes leken op hun plaats te vallen. 'Was jij dat in de trein? Had jij de quarantainesticker op de deur geplakt?'

Hij knikte. 'Ik dacht Russisch in de trein te horen en was er niet gerust op. Ik schatte in dat het beter was dat je alleen zat.'

'Jezus, je maakte me doodsbang.' Ze schoof haar stoel nog verder naar achter. Alsof ze zo afstand kon nemen van alles wat ze had gehoord. Ergens voelde het goed dat haar moeder zich zorgen om haar had gemaakt. Terwijl het idee dat ze het haar hele leven geheim had gehouden, haar nog steeds woedend maakte. 'En waarom rende je weg bij de bakker? Je leek plotseling in rook te zijn opgegaan.'

Nu verscheen er een glimlach op zijn gezicht. 'Ik was achter een auto gedoken, maar je zag me niet zitten. Weet je, nadat je moeder was overleden, wist ik niet wat ik moest doen. Aan de ene kant wilde ik je het allemaal vertellen, aan de andere kant wilde ik ook niet tegen je moeders belofte in gaan. Maar gisteren benaderde Matz mij ineens, legde uit dat hij het allemaal wist.'

'Matz?' Ze sprong op. 'Wist Matz hiervan?'

'Ja. En hij ontsloeg mij op staande voet. Daarom kwam ik gisteren ook niet achter je aan, toen Matz je riep.'

'Hoor ik hier iemand mijn naam ijdel gebruiken?' Met een brede grijns kwam haar broer de kamer binnen. Zijn handen vol met een plateau kazen en een schaal Bircher muesli. 'Wat kan ik voor jullie betekenen?'

'Niets hoor.' Solovjov stond meteen op, duidelijk geschrokken door haar heftige reactie. 'Ik stond al op het punt te gaan. Ik moet naar een afspraak in Hotel Olden. En ik denk dat jullie nog wel genoeg samen te bespreken hebben.'

Ze bedankte Solovjov voor zijn wakend oog en wist eigenlijk zelf ook niet of ze dat sarcastisch bedoelde. En terwijl Matz de spullen op tafel zette, deed ze de deur achter de Rus dicht.

'Wist jij dat hij mij jarenlang in de gaten heeft gehouden?' vroeg ze.

Hij knikte en nam tegenover haar plaats. 'Na mama's dood heb ik zoveel ontdekt.'

'Waarom heb je mij dat niet verteld? Je wist hoe bang ik was.'

'Het goede moment kwam maar niet. We hebben nooit echt even de tijd gehad om samen te praten.'

'Nu wel,' zei ze rustiger en ging weer aan tafel zitten. 'Ik heb de hele dag.'

37

'Zullen we niet eerst even wat eten?' Matz maakte een groots gebaar naar de tafel. 'Wat wil jij? Een gekookt ei? Een bak muesli misschien? Croissants? We hebben alles.'

Hoewel de vragen op haar lippen brandden, was eerst ontbijten toch niet zo'n gek idee. Ze had gisteravond ook al niets gegeten en voelde zich flauw van de honger. 'Prima, maar geen muesli voor mij.'

'Een broodje dan? Ik heb het trouwens net in de keuken gecheckt, er zitten geen pinda's in de muesli. Helemaal geen noten eigenlijk.'

'Vooruit, dan neem ik daar straks toch ook wat van.' Ze was verrast dat hij van haar allergie wist. 'Het ziet er allemaal zo heerlijk uit. Maar eerst een eitje. Nu ze nog lekker warm zijn.'

Matz gaf haar een eierdopje aan, pakte de theepot en schonk, zonder te vragen of ze het wilde, haar kop vol. 'Verveinethee, dat was mama's favoriet. Zij hield niet van koffie.'

'Echt? Ik ook niet.'

Hij zocht haar blik en even keken ze elkaar zwijgend aan. Ze zocht naar herkenning in zijn gezicht. Zijn kaken waren breder en zijn lippen waren voller dan die van haar, maar ze hadden exact dezelfde kleur ogen. Diepblauw, zo vaak kwam ze dat niet tegen. Al was zijn blik spottender dan die van haar, schatte ze in.

'Broer en zus,' zei hij uiteindelijk. 'Wie had dat die zomer van 2001 gedacht?'

'Jij wist het toen ook niet?'

Hij veerde op. 'Natuurlijk niet! Incest is niet mijn ding hè. Bovendien, jij hebt het mij verteld. Daarvoor wist ik van niets.'

'Echt niet?'

'Nee, echt niet,' herhaalde hij langzaam, bijna elke letter spellend. 'Maar zo te horen twijfel je.'

'Ja, ik weet ook echt niet meer wat ik wel en niet moet geloven. Volgens mij is er ook nog zo veel dat ik niet weet.'

'Zal ik dan maar beginnen te vertellen over die zomer? En waarom ik naar Amsterdam ben gekomen?'

Puck tikte de kop van het ei eraf. De zachtgele dooier droop langs de schil naar beneden. 'Eigenlijk wil ik ook alles over jullie jeugd weten. En hoe Cecile als moeder was. Maar goed, begin maar in 2001. Dat is misschien toch het meest logische. Toen we elkaar voor het eerst zagen.'

Starend naar zijn geroosterde boterham met jam begon Matz te vertellen over de brand. Hoe boos iedereen toen op hen was. Ja, hij was ook een irritante puber geweest, maar met die kortsluiting in de keuken had hij niets te maken. 'Mama stuurde ons direct weg. Ze kon ons er niet meer bij hebben. Nicole ging naar een finishing school in Londen, ik naar Amsterdam. Mama deed alles om de naam van de school te redden.'

'Verwijt je haar dat?'

Hij knikte zonder op te kijken. 'Het was hardvochtig.'

Door zijn ouderwetse woordkeuze klonk hij afstandelijk, maar het was duidelijk dat het hem nog steeds raakte. 'Was ze daarvoor wel liefdevol voor je?'

'Wat denk je zelf?' vroeg hij en keek haar weer aan. De spot was uit zijn ogen. 'Een kind dat ze weggeeft en twee die ze wegstuurt. Klinkt dat als warm en liefhebbend?'

Ze slikte. 'Nee, dat is ongevoelig. Ongetwijfeld. Maar ze zal wel een reden...'

'Een reden? Dat vind ik echt zo irritant. Dat bij slecht gedrag altijd naar verzachtende omstandigheden wordt gezocht. Zo van, iedere crimineel heeft een slechte jeugd gehad.' Matz zat nu kaarsrecht, de spieren in zijn nek waren strak gespannen. 'Grote onzin. Iedereen is zelf verantwoordelijk voor zijn eigen gedrag. Onze moeder was vals, manipulerend en extreem statusgevoelig. Daar moest alles voor wijken.'

'Ja, maar kwam ze niet uit een verarmd adellijk geslacht?' begon ze voorzichtig in een poging haar moeder te verdedigen. 'Misschien voelde ze het als haar plicht om de reputatie van de familie hoog te houden.'

'Plicht?' riep hij uit. Ze voelde zijn spuugdruppels op haar wang. 'Het was haar plicht om voor ons te zorgen. Ze liet ons in de steek. We hebben alles zelf moeten doen.'

'Maar je hebt toch een mooie carrière opgebouwd?'

Matz lachte hardop, maar het klonk niet echt. 'Ik heb een paar schilderijen verkocht, ja. Dat was het. Omdat ik zo mooi het verdriet na 9/11 kon verbeelden. Denk je dat ik daarvan nu nog in Brooklyn kan wonen? Onmogelijk natuurlijk.'

Die conclusie had ze zelf ook al getrokken, maar ze schudde alleen haar hoofd en zweeg. Hem laten uitrazen leek nu het beste.

'Om in leven te blijven heb ik mezelf eigenlijk zo goed als verkocht. Aan rijke vriendinnen die me wilden onderhouden. Weet je hoe dat voelt? Altijd op zoek te moeten gaan naar geld? Lief zijn tegen vrouwen van wie je eigenlijk niet houdt. In relaties blijven zitten die je ongelukkig maken. Natuurlijk heb ik mama weleens om geld gevraagd, een simpele lening. Maar het kon nooit. Alles zat in de schóól.'

Hij spuugde het laatste woord samen met een bak vol haat naar buiten. Zijn gezicht was rood en vlekkerig geworden, en zijn trekken leken te veranderen. Ze werden hoekiger, harder.

'Moeten we het uiteindelijk niet allemaal zelf doen?' vroeg ze weer behoedzaam. 'Je hoefde toch niet per se in Brooklyn te blijven wonen? Jij was vrij om je eigen keuzes te maken. Je kon bijvoorbeeld ook een andere baan zoeken.'

Zijn ogen werden plots nog twee tinten donkerder. 'Je hebt duidelijk geen idee...'

Een korte klop op de deur onderbrak zijn betoog.

'Wat?' schreeuwde Matz naar de deur.

'Sorry dat ik stoor,' klonk Youri's zware stem vanaf de gang. 'Kan ik even binnenkomen?'

'Natuurlijk,' zei Puck snel. 'Kom erin.'

Youri's grote lichaam vulde in een keer de deuropening. 'Wat zitten jullie hier lekker in de ochtendzon.'

'Eet je even een hapje mee?' Ze wees naar de lege stoel aan de kop van de tafel en hoopte dat Youri zou instemmen. Matz' woede voelde ongemakkelijk. 'We hebben genoeg voor een weeshuis.'

'Nee, bedankt. Ik ben hier even met de technisch rechercheur, we moeten nog wat spullen van Simon ophalen. Ik kwam alleen zeggen dat alles goed is met Jelena.'

'Ja, wat fijn. Ze belde me gisteren al even.'

'Dat zei ze. Maar de batterij van haar mobiel was leeg en ze had geen oplader. Ze probeerde je net weer te bereiken, maar kreeg je niet te pakken. Ik moest doorgeven dat ze je wat foto's had gestuurd.'

'Goed zo. Ik heb alleen mijn telefoon boven laten liggen. Ik zal zo kijken.'

'Ik neem er toch maar eentje mee.' Youri pakte een croissant uit de mand en keek haar net te lang aan. Alsof hij wilde checken of het wel goed ging. 'Ik kom later vandaag nog even langs. Na het verhoor van Simon. Misschien heb ik dan nieuws.'

‘Heel graag. We tasten hier nog volledig in het duister,’ sprak Matz voor het eerst sinds Youri binnen was gekomen. Zijn stem had weer een normale toonhoogte. ‘Behalve natuurlijk het feit dat Simon zijn vader wilde wreken. Dat lijkt me wel duidelijk.’

‘Misschien, ja. We zullen het wel horen. Nou, tot straks dan maar.’

Youri draaide zich om en Matz stond op om de deur achter hem dicht te doen. ‘Zo, nu kunnen ze ons niet meer storen. Sorry, dat ik me zo liet gaan.’

Puck schoof wat ongemakkelijk over haar stoel. ‘Dat begrijp ik wel, maar toch kan het ook helpen om met meer empathie naar mama te kijken. In dat kamertje heb ik gezien dat ze van ons hield. Ze hield van ieder van ons een eigen ordner bij.’

‘Deze bedoel je?’ Matz wees naar drie bruine mappen die naast elkaar op de vensterbank stonden. ‘Daar zit niets bijzonders in. Alleen knipsels van onze successen. De rest interesseerde haar duidelijk niet.’

‘Dan zal die van mij wel heel dun zijn,’ grapte ze in de hoop de spanning in het gesprek laag te houden. ‘Horen die trouwens niet op de plaats delict?’

Matz antwoordde niet, maar ging aan tafel zitten en legde haar mobiel op tafel. ‘Was je deze kwijt?’

‘Ja! Hè? Waar lag die dan?’

‘Op de gang. Waarschijnlijk uit je zak gevallen.’ Matz liet de telefoon naast zijn bord liggen en schoof de muesli naar haar toe. ‘Toe, eet nog wat.’

'Dat ziet er heerlijk uit.' Ze pakte een bakje en nam een grote schep uit de schaal. 'Vond mama dit ook lekker?'

'Ze nam het elke ochtend. De rest van de dag at ze weinig. Voor haar was mager blijven erg belangrijk. Dikke mensen vond ze ongedisciplineerd.'

'Je schetst niet bepaald een prettig beeld van haar,' vatte ze samen. Uit recalcitrantie naar haar moeders perfectionisme nam ze een extra grote hap. 'Wat was wel leuk aan haar?'

'Weinig.'

'Ze lijkt toch wel echt van Simon te hebben gehouden.'

Nu klonk weer die droge, neppe lach van Matz. 'Dat was geen liefde. Dat was schuldgevoel.'

'Hoezo? Op die foto's leken ze echt gelukkig.' Opnieuw nam ze een hap. 'Deze brij is trouwens serieus lekker zeg.'

Matz schepte ook op. 'Je weet toch dat Simon Joods was en dat hij door onze familie in diepe armoede is opgegroeid.'

Ze knikte en at zwijgend verder.

'Nou, daarom denk ik dus dat hij echt maar één doel in zijn leven had, wraak nemen op de familie Puiset. En zoals ik net ook al tegen Youri zei, ging dat volgens mij heel ver.' Matz staarde met een lege blik naar zijn thee. Sowieso leken alle gevoelens uit zijn gezicht verdwenen. 'Dat betekende bijvoorbeeld dat hij eerst het huwelijk van Frederic en mama te gronde moest richten. Maar toen dat toch nog niet bevredigend genoeg was, ging hij verder.'

'Wat heeft hij daarna dan gedaan?' vroeg ze door, hoewel ze eigenlijk niet meer wilde weten. Haar keel voelde dichtgeknepen.

'Alles van ons moest kapot. Hij voerde een financieel wanbeleid en vroeg de Russische families om grote leningen tegen hoge rentes. Bovendien gaf hij de Russen vrij spel om hun inlichtingenwerk via de school uit te voeren. Toen mama erachter kwam dat ze failliet waren en dat alle schandalen aan het licht zouden komen, overtuigde Simon haar dat de school en de reputatie van de school alleen te redden waren als ze vermoord werd. Dat zou medelijden opwekken en als afleidingsmanoeuvre voor de Russen goed werken. Ze zouden bang worden dat de politie hun praktijken zou ontdekken en dan zouden volgens hem de schulden vast worden kwijtgescholden. Bovendien zou er dan veel geld vrijkomen uit een trust dat voor de school gebruikt kon worden. Dat was zijn plan.'

Puck liet de lepel uit haar handen glijden. Haar maag leek zich om te draaien. 'Zeg je nu dat ze akkoord ging met haar eigen moord?'

'Ja, zo ver ging ze voor de school.'

'Hoe weet je dit allemaal?'

Matz zuchtte en keek haar strak aan. Zijn blik was onbewogen, alleen zijn rechterooglid trilde. 'Je moeder is op afspraak door je vader vermoord. En hij heeft het allemaal opgezet alsof het door een onbekende is gedaan.'

Haar keel was nu kurkdroog, haar tong leek steeds dikker te worden. 'Wist je dat Simon mijn vader was?'

'Ik heb toch ook die papieren en foto's gezien.'

Puck wreef met haar handen over haar prikkende ogen. Waar kwam deze onverschilligheid van Matz vandaan? Ze begreep zijn woede, maar zij voelde zelf vooral een diep verlies. ‘Maar hoe vind je dat? Ben je niet geschokt?’

‘Wat ik ervan vind? Wat doet dat er in vredesnaam toe? Hij is jouw vader.’

Een golf van misselijkheid kwam omhoog. Haar lippen begonnen te tintelen. Verdorie, dit was niet alleen de schrik, maar weer die allergie.

‘Ja, maar vind je het niet extreem heftig?’ probeerde ze door te vragen. Ze wees naar haar tas op de stoel naast Matz. ‘Kun je die trouwens even aangeven? Daar zitten mijn pillen in. Ik denk dat er toch sporen van pinda’s in het eten hebben gezeten.’

Matz pakte de tas, maar keek er zelf in. Hij haalde het doosje met haar epipen eruit. ‘Heb je deze dan niet nodig? Dit is toch een adrenalineshot? Voor als je te veel pinda’s hebt gegeten?’

Puck knikte en voelde zich al benauwder worden, maar wilde geen paniek zaaien. ‘Ja, misschien is dat nu ook al wel nodig. De reactie wordt wat heftiger.’

Ze wilde opstaan, maar ze werd al duizeliger en viel terug in de stoel. ‘Weet je hoe je die moet gebruiken? In mijn bovenbeen en...’

‘Het is goed. Geen probleem,’ zei Matz terwijl hij opstond. ‘Hoe snel moet dit eigenlijk gebeuren?’

‘Vier minuten, Matz!’ Ze begon oppervlakkiger te ademen. Haar longen leken te krimpen. ‘Kom maar op.’

Hij liep naar haar toe. 'Anders komt die anafylactische shock, hè? Raak je dan buiten bewustzijn?'

'Ja, het gaat snel.' Ze hijgde nu al. 'Spuit maar, het gaat niet zo goed.'

'En dan vallen een voor een je organen uit?'

'Ja, ja! Jezus, Matz. Nu!'

Ineens draaide hij zich om, deed een raam open en gooide het gele doosje naar buiten. 'Zo, klaar.'

'Matz!'

'Je was de laatste.'

38

'Dit is geen grap Matz,' zei ze zo luid mogelijk, maar het klonk als zacht gefluister. Ze kon al niet meer goed focussen, maar ze zag nog wel dat Matz bij het raam was blijven staan. Wijdbeens, starend naar buiten. 'Waarom gooide je dat doosje weg?'

'Dat moest, sorry.'

'Wat moest? Wat doe je nou ineens raar?' Ze probeerde nog een keer op te staan, maar weer viel ze terug in haar stoel. Haar knieën waren al van rubber, ze wist dat ze nu geen tijd meer had voor een discussie. 'Geef me dan op zijn minst mijn pillen. Het gaat mis.'

'Dat zal niet gaan.'

'Wat niet?' Haar stem klonk nu raspend. Diep ademhalen lukte niet meer, haar hart begon sneller te slaan. 'Ze zitten in mijn tas, kom op!'

'Nee, we laten het zo. Je bent de laatste,' herhaalde hij.

'De laatste? Wat is er toch met je aan de hand? Geef mijn tas.'

'De laatste van de vrouwen.'

'Welke vrouwen?'

'Mama was de eerste.'

Nu zag ze het ineens. De legerkistjes. Matz droeg ook legerkistjes. Het was niet Solovjov die haar van achter in haar nek had gegrepen. Het was Matz geweest.

'De eerste vrouw die...?' Ze begon zwaar te hijgen. Het zweet sijpelde langs haar ruggengraat. Ze reikte naar haar telefoon naast Matz' bord, maar haar hand gleed weg. 'Echt, het gaat niet Matz, mijn tas.'

'Ze weigerde een voorschot uit de trust.' Matz praatte gewoon door alsof ze niets had gezegd. Zijn stem klonk vlak. 'Maar ik had het geld echt hard nodig, geloof me. Dus ik dreigde alles over de school te onthullen. Die schande kon ze niet aan, dan ging ze liever dood. Je weet hoe belangrijk de reputatie van de school voor haar was. Het was haar levenswerk. En Nicole, tja, Nicole...'

'Heb je...' Verder kwam Puck niet. Haar ademde stokte, haar benen begonnen te trillen. 'Heb je...'

'Wat?' Matz draaide zich om. Hij negeerde haar ademnood en glimlachte flauwtjes. 'Heb ik haar neergeschoten...?'

'Matz... Please.' Haar hoofd begon te draaien, haar longen waren nu volledig dichtgeklapt. 'Bel 112!'

'Mama wilde het zelf ook graag. Beter dood dan bezoedeld.' Hij pakte haar mobiel van tafel. 'Hoe lang nog? Een minuut?'

Ze had de kracht niet meer om op te staan, haar stem leek verdwenen.

'Bel,' kon ze alleen nog zeggen. 'Bel.'

Nu pakte Matz wel haar telefoon. '112, zei je?'

Ze knikte, maar in plaats van te bellen gooide hij de theepot leeg over haar mobiel.

'Zo, nu zijn die foto's ook verpest. We hoeven nog maar een minuut te wachten, denk ik. Dat lukt wel. Sorry, dat het zo moet. Maar je weet natuurlijk veel te veel. Eigenlijk is dat een compliment. Begrijp je? Je bent een betere journalist dan ik dacht, maar jou ook nog neerschieten zou opvallen.'

'Ik heb het verhaal verstuurd,' fluisterde ze. 'Naar de krant.'

'Ha, denk je dat ik daar niet aan heb gedacht? Ik had de wifi allang onschadelijk gemaakt. Je kunt niets hebben verstuurd. Nee, niemand zal ooit weten wat zich hier heeft afgespeeld. Jelena zal het straks ook niet meer kunnen navertellen. Zeg, waar waren we? Nicole, ja. Die had wel wat vermoedens. Ze confronteerde me ermee tijdens de storm. Dom van haar. Ze had geen idee dat het een ideale context was voor een verdwijning. Balen dat je die grot ontdekte, maar toen bedacht ik...'

Ze hoorde hem wel praten, maar zijn stem verdween naar de achtergrond. Woorden verloren hun betekenis. Bedoelde hij nou dat hij iedereen had vermoord? Dat hij haar ook dood wilde hebben? Ze moest weg. Nu!

Met haar allerlaatste krachten hees ze zich overeind, maar zakte direct door haar knieën en viel voorover. Ze had niet eens meer de puf om haar armen vooruit te steken en viel met haar gezicht plat op de grond. Haar neus kraakte, haar hoofd dreunde.

'Puck,' hoorde ze iemand roepen. 'Puck, ben je daar?'

Gerammel aan de deur. Ze kreunde, maar er kwam geen geluid meer. Het was te laat. Ze hoorde nog een schot, vlak bij haar oor, en toen verdween alles.

39

VIER MAANDEN LATER

Ze zat op een rots in de zon en liet haar hand door het klaterende water van het beekje glijden. IJskoud vers smeltwater uit de bergen. Haar vingers tintelden. Om haar heen had het weiland nieuwe kleuren gekregen. Blauwe distels, gele arnicabloemen en rode klaprozen staken boven het groen uit. Puck maakte een foto en stuurde die naar Freek. *Had je ooit gedacht dat ik als Heidi door de alpenweide zou rennen?* schreef ze erbij.

Meteen kreeg ze een foto terug, van de voorkant van *The New York Times*. *Doe nou niet alsof je niet hier aan zit te denken.*

Ze stuurde een blozende emoji en hij reageerde met twee woorden in kapitalen. *ZO TROTS!*

Voordat ze kon schrijven dat hij niet zo moest overdrijven, kreeg ze een appje van Ernest. *'Nothing is better for self-esteem than survival,' zoals Gellhorn al schreef. Wat een ongelofelijke prestatie! Zo cool. Gefeliciteerd. Wat zegt Simon ervan?*

Puck stond op, veegde haar handen droog en stopte haar mobiel in haar broekzak. Ernest had gelijk. Het was tijd voor haar vaders reactie en ze liep terug naar de school. Vanochtend vroeg was ze stilletjes het chalet uit geslopen. Ze had hem niet wakker willen maken en had in haar eentje een lange boswandeling gemaakt. Bij haar moeders graf had ze twee witte rozen gelegd. Hoewel Puck haar in haar hele leven maar een minuut had gesproken, waren haar moeders woorden dat 'ze razend benieuwd was naar het verdiepende achtergrondartikel' de afgelopen maanden haar belangrijkste drijfveer geweest. Ze wilde Cecile postuum laten zien wat ze kon.

Op het graf van Nicole had ze een kettinkje neergelegd. Dat had de politie in de grot gevonden en aan haar gegeven. Puck had het zelf niet willen dragen, het bracht de nare herinneringen te helder terug. Maar door het aan haar zus terug te geven, voelde ze toch een soort verbinding, al hadden ze elkaar nooit echt leren kennen.

Puck liep de brede trap naar het chalet op, duwde de zware houten deur open en zwaaide naar de conciërge die aan het eind van de gang een lamp aan het vervangen was. Alle leerlingen waren vertrokken en de grote schoonmaak voor de zomervakantie was al in volle gang. Het was een cynische speling van het lot geweest dat juist nu alle schandalen aan het licht waren gekomen, het aantal aanmeldingen was gestegen. Precies het tegenovergestelde van waar haar moeder bang voor was geweest. Waarvoor ze alles had opgegeven.

De deur van de eetkamer stond op een kier en de lichte klanken van Satie kwamen Puck al tegemoet. Dit kalme ochtendritueel was ze de laatste weken zo gaan waarderen. Direct nadat ze uit het ziekenhuis was ontslagen, was ze bij haar vader ingetrokken en hadden ze de tijd genomen elkaar te leren kennen. Zijn humor en empathische blik op de wereld hadden haar tijdens het schrijven geholpen, al hadden ze afgesproken het voor de publicatie niet over de inhoud te hebben. Simon wilde haar de volledige vrijheid geven bij het schrijven.

Terwijl Puck de deur verder openduwde, voelde ze haar maag samentrekken. 'Goedemorgen pap.'

'Daar ben je,' zei hij, zonder op te kijken. Hij zat aan tafel met *The New York Times* opengeslagen voor zich. Zijn leesbril was halverwege zijn neus gezakt, maar hij leek het niet op te merken. Hij was op pagina drie van het artikel, precies waar ze over de gruwelijke details van Matz' moorden schreef. Ze kon het bijna niet aanzien dat hij dat nu aan het lezen was.

'Gaat het?'

Hij knikte, maar las onafgebroken door. Ze schatte in dat ze hem het beste even met rust kon laten en schoof aan tafel. Ze schonk thee in maar kon geen slok nemen. Gespannen bestudeerde ze zijn gezicht op zoek naar tekenen van zijn oordeel. Een afkeurend knikje, een gespannen mond, een frons tussen zijn wenkbrauwen – maar ze kon niets aan zijn gezicht aflezen. Het viel haar op dat hij er nog steeds fragiel uitzag. Mager, zijn haar grijzer en dunner en zijn bewegingen strammer. Alsof de rouw elke cel in zijn lichaam had aangetast.

Ineens rechtte hij zijn rug, sloeg de krant dicht en deed zijn leesbril af. Zijn ogen stonden vol tranen.

'Wat verschrikkelijk toch allemaal,' zei hij met een trilling in zijn stem. 'Maar wat heb je het ook verschrikkelijk mooi verwoord.'

'Echt?'

'Ja, ik heb zelden zo'n genuanceerd stuk gelezen. Chapeau.'

Nu voelde ze ook haar eigen ogen prikken. 'Wat vond je zo mooi?'

'Hoe je de pijnlijke keuzes van Cecile hebt beschreven. Echt prachtig. Dat ze dacht goed te handelen door de school ten koste van alles voor jullie veilig te stellen, maar daarbij vergat jullie echte liefde te geven. Zo was het precies.'

Ze schoof haar stoel dichter naar hem toe en legde haar hand op die van hem. 'Door het op te schrijven heb ik het toch gevoeld. Haar liefde.'

Een traan rolde over zijn wang. 'En dat is wat ik tussen de regels door lees. Heel bijzonder.'

Zo dicht naast elkaar, omringd door schilderijen van haar onbekende familie, bespraken ze samen de rest van het artikel. Simon had vooral moeite met Ceciles beslissing zich te laten vermoorden. 'Dat ze geen uitweg zag vind ik onverdraaglijk. Ze had het toch met me kunnen bespreken?'

'Matz kan griezelig goed manipuleren. Waarschijnlijk had hij haar echt overtuigd dat haar dood de enige manier was om de school te redden.'

Simon zei verder dat hij nooit had geweten dat de laatste wens van Cecile was geweest haar lang geleden verloren dochter te ontmoeten. Dat Matz daar alleen mee had ingestemd, omdat hij dan met een goed excuus Puck naar Zwitserland kon halen. Samen met zijn moeder had hij die culinaire reis bedacht.

Dat Matz dus al een hele tijd wist dat ze familie van elkaar waren en toch seks met haar had gehad, had ze niet kunnen opschrijven. Dat was te vernederend geweest. Zeker omdat ze had uitgerekend dat het net na de moord op Nicole was gebeurd. Puck had wel haar eigen ongemak beschreven over de dood van haar zus. Haar eerste, negatieve reactie op Nicole en hoe ontzettend schuldig ze zich daarover had gevoeld na de ontdekking van haar lichaam in de grot.

Daarna vroeg Simon naar haar bezoek aan de gevangenis, dat ze ook had beschreven in het artikel. Puck vertelde dat Matz had gezworen dat hij vooraf niet van plan was geweest om haar en Nicole echt te vermoorden. 'Maar Nicole bleef maar doorvragen en jij bleek toch een veel slimmere journalist dan ik had ingeschat,' had hij verwijtend gezegd. 'Ik kon jullie er niet meer bij hebben.'

Ze geloofde hem niet, maar wist ook dat ze nooit helemaal zeker zouden weten wat er zich in Matz' hoofd had afgespeeld. Tijdens het bezoekuur had hij zeer gedetailleerd verteld hoe hij zichzelf met een stoelpoot had geslagen om Simon verdacht te maken. En hoe hij haar door het bos was gevolgd en baalde dat ze de grot had ontdekt. Maar hoe het door zijn ingenieuze plan om subtiel haar mobiel in de aarde te laten vallen toch leek alsof ze per ongeluk Nicoles lichaam hadden gevonden. Ook leek hij trots te zijn op de manier waarop hij haar boek met pindakaas had besmeurd, Jelena bijna met succes een alcoholvergiftiging had bezorgd en zijn moeder van het nut van haar eigen dood had overtuigd.

'Die kilheid heb ik bij Matz weleens gevoeld. Maar ik heb altijd gedacht dat het kwam door de afstandelijke relatie met Cecile,' zei Simon uiteindelijk. 'Het spijt me.'

'Wat precies?'

'Dat ik jullie niet heb kunnen beschermen.'

Ze sloeg haar arm om hem heen. 'Je had het niet kunnen weten. Niemand had dit extreme gedrag kunnen voorspellen. Ja, Matz was een zwart schaap. En ja, hij had misschien door de afstandelijke relatie met mama nooit echt empathie ontwikkeld. Maar dat verklaart niet waarom hij zo zonder geweten kon handelen.'

'Zou het echt alleen om de erfenis zijn gegaan?'

Ze streelde zijn arm. 'Misschien. Hij wilde wel koste wat kost zijn status in New York behouden. Daar moest alles voor wijken.'

'Wat dat betreft zijn ze eigenlijk hetzelfde, bedenk ik nu.'

‘Wie bedoel je?’

‘Cecile en Matz. Allebei hebben ze er alles aan gedaan om hun reputatie niet te beschadigen.’

Ze nam een slok thee. ‘En toch zijn jullie volgens mij samen wel gelukkig geweest.’

‘Absoluut. Je moeder was de liefde van mijn leven. Ze kon ook heel lief zijn. Echt waar.’

Ze wilde vragen naar hun huwelijksdag, maar hoorde voetstappen op de gang. ‘Wie is daar?’

‘Youri,’ klonk een zware stem achter de deur. ‘Schikt het even?’

Puck voelde haar wangen warm worden en trok haar blouse recht. Sinds een week was Youri terug in Gstaad, nadat hij in Zürich zijn onderzoek had afgerond. Hij was al een paar keer langsgekomen om zijn conclusies toe te lichten en ze merkte dat ze steeds meer naar zijn bezoeken uitkeek. Hij had uitgelegd dat het niet de Russische geheime dienst was geweest die op de kostschool actief was, maar rijke vertrouwelingen van Poetin zelf. Al was dat onderscheid tussen die twee volgens hem bij dergelijke chantagepraktijken moeilijk te maken.

‘Natuurlijk, jongen,’ zei Simon terwijl hij zichzelf een nieuwe kop thee inschonk. ‘Je bent altijd welkom. Kom binnen.’

Youri stapte met een brede grijns de kamer binnen en hield een zakje van bakkerij Earlybeck omhoog. ‘Die moest ik van Solovjov voor jullie meenemen. Pavés. Hij zei dat vooral jij er gek op was, Puck.’

Dat Youri haar naam expres wat harder uitsprak maakte haar zenuwachtig. Gelukkig reageerde Simon voordat zij iets kon zeggen en hij bedankte hartelijk voor de chocolade.

'Solovjov heeft het echt naar zijn zin, hè, in de bakkerij.'

'Zeker, hij heeft zijn roeping helemaal gevonden.' Youri ging aan tafel zitten en wees naar de krant. 'En jij duidelijk ook Puck. Wat een subliem artikel. Terecht dat *The New York Times* het over drie pagina's heeft uitgespreid.'

'Daar ben ik het volledig mee eens,' zei Simon terwijl hij het zakje met pavés aanpakte. 'Absolute topklasse.'

Ze kneep in haar servet. Complimenten maakten haar nog nerveuzer. 'Nou, ik vond het wel wat overdreven.'

'Wat een onzin,' zei Youri stellig. 'Het heeft alles in zich. Verstrekkende politieke tentakels, horror en toch ook wrange humor. Dat die vriend van Matz, die engerd Pretovitsj, onder de naam van Bach al jaren de belangrijkste gast van het Palace Hotel was, dat verzin je toch niet?'

Nu moesten ze alle drie lachen. Het voelde heerlijk om even de spanning los te kunnen laten. Ze merkte dat Youri oogcontact zocht en ze keek hem ook wat langer aan. Natuurlijk had ze hem al wel een paar keer bedankt dat hij haar net op tijd had gered. Maar ze had hem vooraf niet ingelicht dat ze in het artikel tot in detail zou beschrijven hoe hij het doosje met de epipen uit het raam had zien vallen en het meteen had teruggebracht. En hoe hij vervolgens was binnengekomen en meteen had gehandeld en haar de injectie had toegediend. Maar aan zijn ontspannen houding te zien vond hij het niet vervelend dat ze dat had benoemd.

'Zeg, jongelui,' zei Simon ineens en hij stond direct op. 'Ik ga even wat rusten. Puck, misschien wil jij met Youri mee naar buiten lopen? Volgens mij wilde hij je nog wat vragen over die rozenstruik bij de voordeur.'

Puck glimlachte om de opzichtige hint en voelde zich net een schoolmeisje dat dankzij haar vader werd geschaakt door die toch zo aardige buurjongen. 'Natuurlijk pap, ga jij maar even rusten, ik ruim straks de tafel wel af.'

Ze liepen de kamer uit. Haar vader sloeg linksaf en zij ging Youri voor de trap af. Bij de voordeur draaide ze zich naar hem om. 'Ik heb expres je naam niet genoemd in het artikel.'

'Dat heb ik gezien. Bedankt.' Hij deed een stap dichterbij. 'En ook fijn dat je niet mijn schot in Matz' voet hebt beschreven. Het was echt alleen om te voorkomen dat hij je zou aanvallen.'

'Dat weet ik. Niet alles hoeft verteld te worden om toch het verhaal rond te krijgen.'

'Daar kun je weleens gelijk in hebben.' Hij deed nog een stap dichterbij en wees vlak langs haar naar een struik. Ze rook zijn aftershave. 'Is dit nou die roos?'

'Ja, dat is de Helga.'

Terwijl hij haar bleef aankijken, boog hij zijn hoofd naar haar toe. 'Hij heeft alleen maar knoppen.'

'Het is lente. Dan krijg je dat.'

'Dat is waar.' Zijn warme adem gleed langs haar wang. 'Welke kleur worden de bloemen?'

'Wit.'

En net toen ze dacht dat hij haar zou gaan zoenen, zei hij: 'Interessant, dan moet ik maar eens terugkomen als ze bloeien.'

'Misschien morgen al,' zei ze en ze wist dat ze bloosde. 'Je weet het nooit zeker.'

'Precies, je kunt de bloei nooit exact voorspellen.'

'De natuur is grillig.'

'Zo is het.' Hardop lachend liep hij naar de trap van het bordes en vlak voordat hij uit het zicht verdween draaide hij zich nog een keer om. 'Nou, lieve Puck, tot morgen dan maar.'

Dankwoord

Graag wil ik iedereen bij Xander Uitgevers bedanken die, ondanks mijn vertrek naar de Verenigde Staten, toch weer op tijd *Gstaad* hebben afgekregen. In het bijzonder mijn nieuwe redacteur Lotte Dijkstra. Het bleek al snel dat we aan weinig woorden genoeg hadden om elkaar goed te begrijpen. Verder dank aan Anke Roelen, die de marketing verzorgde, Renee Verdoorn, die de bureauredactie deed en aan uitgeefassistent Margot van Riel.

Ook ben ik dank verschuldigd aan mijn lieve nichtje Annick Vigeveno-Verbunt en haar gezin. Zij hebben het mogelijk gemaakt dat ik ondanks de strikte coronabeperkingen toch gedetailleerde informatie over Gstaad heb gekregen.

En als laatste natuurlijk veel dank aan mijn uitgever Sander Knol en agent Willem Bisseling. Zij hebben vanaf het begin *Gstaad* gesteund en met humor en tips het schrijfproces begeleid.

Lees ook de exotische thriller *Bali*

Cita's dochter Evi verblijft al een tijdje op het paradijselijke Bali. Wanneer blijkt dat Evi 24 uur wordt vermist, neemt Cita halsoverkop het vliegtuig naar de plek waar ze als jong meisje veel tijd doorbracht. Eenmaal op het eiland wordt het pijnlijk duidelijk dat Cita de band met Evi door de jaren heen behoorlijk heeft verwaarloosd. Haar dochter blijkt er op het idyllische eiland een voor haar totaal onbekend leven op na te houden. Cita belandt in een zenuwslopende reis door het Bali dat voor toeristen verborgen blijft. Wie zit er achter de verdwijning van Evi en is Cita nog op tijd om de band met haar dochter te herstellen?

***Bali* is overal verkrijgbaar**